*Prof. Dr. Wolfgang Kuhn*

# Als Mann und Frau schuf er sie

*Prof. Dr. Wolfgang Kuhn*

# Als Mann und Frau schuf er sie

MIRIAM-VERLAG

1. Auflage 1996,

Satz und Druck: Miriam-Verlag
Printed in Germany
ISBN 3-87449-261-3

# Inhaltsverzeichnis

„Der Unterschied zwischen den beiden Geschlechtern ist eine der wichtigsten Bedingungen, aus denen die Vielfalt menschlicher Kultur entwickelt wurde!“

*Margaret Mead*
*(amerikanische Anthropologin,1949)*

## 1. Gleichwertig – ungleichartig

Und Gott sprach: „Laßt uns Menschen machen als unser Abbild, uns ähnlich. Sie sollen herrschen über die Fische des Meeres, über die Vögel des Himmels, über das Vieh, über die ganze Erde und über alle Kriechtiere auf dem Land. Gott schuf also den Menschen als sein Abbild. Als Abbild Gottes schuf er ihn. Als Mann und als Frau schuf er sie“ (Gen 1,26-27).

Mit diesen knappen Worten wird im Alten Testament von der Erschaffung des Menschen am sechsten Tag des gewaltigen göttlichen Schöpfungswerkes berichtet. Dennoch ist ihre Aussage von größter Bedeutung. Betonen sie doch ganz unmißverständlich die Einmaligkeit und Sonderstellung dieses letzten Geschöpfes. Es ist nicht nur ausersehen, über alle anderen zu herrschen und dadurch hoch über sie erhoben, sondern sogar seines Schöpfers Ebenbild!

Diese Einmaligkeit des Menschen als Krone der Schöpfung wird später in einem Psalm des Königs David noch einmal bestätigt: „Du hast ihn nur wenig geringer gemacht als Gott, hast ihn mit Herrlichkeit und Ehre gekrönt. Du hast ihn als Herrscher eingesetzt über das Werk deiner Hände, hast ihm alles zu Füßen gelegt“ (Ps 8,6-7). Dieser Mensch, den Gott so hoch erhob, wurde „als Mann und Frau“ erschaffen. Beide zusammen sind erst der ganze Mensch, denn nur gemeinsam vermögen sie neue Menschen zu zeugen, um dadurch ihre Art zu erhalten und über die ganze Erde, wie Gott es befahl, zu verbreiten.

Der Apostel Paulus hat diese gegenseitige Abhängigkeit so formuliert: „Nicht die Frau verfügt über ihren Leib, sondern der Mann. Ebenso verfügt nicht der Mann über seinen Leib, sondern die Frau." (1 Kor 7,4). Im zweiten Schöpfungsbericht der Genesis wird die Hinordnung beider Geschlechter aufeinander, ihre gegenseitige Ergänzung zu dem Menschen, der seines Schöpfers Ebenbild ist, noch einmal bekräftigt: „Dann sprach Gott, der Herr: ‚Es ist nicht gut, daß der Mensch allein bleibt. Ich will ihm eine Hilfe machen, die ihm entspricht' " (Gen 2,18). Doch unter allem Getier, das er Adam zeigte, entdeckte dieser kein Wesen, das ihn ergänzte, ihm ebenbürtig und gleichwertig war. Erst nachdem Gott aus einer seiner Rippen eine Frau gebildet hatte und sie ihm zuführte, sprach Adam: „Das endlich ist Bein von meinem Bein und Fleisch von meinem Fleisch!" (Gen 2,23).

Diese Gleichwertigkeit der beiden Geschlechter, deren jedes die ergänzende, unverzichtbare Hälfte, der „Beistand" des anderen ist, wurde also nicht nur eigens erwähnt. Sie ergibt sich allein ja schon aus dieser absoluten Abhängigkeit voneinander, wie sie auch Paulus betont: „Denn wie die Frau vom Mann stammt, so kommt der Mann durch die Frau zur Welt. Alles aber stammt von Gott" (1 Kor 11,12).

Die Gleichwertigkeit von Frau und Mann wird durch die Tatsache, daß sie verschieden voneinander sind und ihnen unterschiedliche Aufgaben zugeteilt wurden, in keiner Weise geschmälert. Gott selbst hat ihnen diese Aufgaben nach dem Sündenfall zugewiesen. Zu Eva sprach er: „Viel Mühsal bereite ich dir, sooft du schwanger wirst. Unter Schmerzen gebierst du Kinder" (Gen 3,16). Und Adam, wegen dessen Schuld von nun an der Fluch auf dem Acker ruht, wurde verheißen: „Unter Mühsal wirst du von ihm essen alle Tage deines Lebens. Dornen und Disteln läßt er dir wachsen, und die Pflanzen des Feldes mußt du essen. Im Schweiße deines Angesichts sollst du dein Brot essen, bis du zurückkehrst zum Ackerboden ..." (Gen 3,17-19).

Diese unterschiedliche Aufgabenzuweisung entspricht den biologischen Unterschieden zwischen den Geschlechtern. Nur Frauen können aufgrund ihrer besonderen anatomischen wie physiologischen Voraussetzungen Kinder gebären und stillen – eine Gegebenheit, die nicht einmal die eifrigsten Feministinnen hinwegdiskutieren können. Die lebenswichtige enge Bindung der Kinder an ihre Mutter über einen ganz wesentlich längeren Zeitraum hinweg, als dies bei irgend einer Tierart der Fall ist, sei sie auch noch so hoch entwickelt, bedingt umgekehrt auch eine intensivere Bindung der Frau und Mutter an Heim und Familie.

„Der Mann muß hinaus ins feindliche Leben", so hat Schiller in seinem Lied von der Glocke im Gegensatz hierzu die vorwiegende Aufgabe des Mannes gekennzeichnet. Tatsächlich entsprechen, mit allenfalls höchst seltenen Ausnahmen, diese primären Aufgabenzuweisungen an die beiden Geschlechter einander in allen bekannten Kulturen unserer Erde. Angesichts jener so überragenden, wichtigen Aufgaben der Frau als Mutter für das ganze Menschengeschlecht fällt es schwer, die Minderwertigkeitskomplexe militanter Feministinnen zu verstehen und an einer echten Gleichwertigkeit zwischen Frau und Mann zu zweifeln.

Paulus selbst mißt diesem unbestrittenen und unbestreitbaren Vorrecht der Frau, Mutter sein zu können, derart hohen Wert bei, daß dadurch selbst Evas Sünde der Verführung Adams, ebenfalls von der verbotenen Frucht zu essen, getilgt sah: „... nicht Adam wurde verführt (von der Schlange. Verf.), sondern die Frau ließ sich verführen und übertrat das Gebot. Sie wird aber dadurch gerettet werden, daß sie Kinder zur Welt bringt ...“ (1 Tim 2,14-15).

## 2. Das Geschlecht – nur ein Rollenspiel?

Der biblische Bericht über die Erschaffung des Menschen darf freilich nicht wörtlich genommen werden. Die Bibel ist mitnichten ein Lehrbuch der Naturgeschichte, sondern der Heilsgeschichte (vergl. »Hat die Bibel doch nicht recht? – Fragen an die Naturwissenschaft«. Leutesdorf 1994). Es geht in dieser Darstellung, die dem Verständnis der Menschen zu Moses Zeiten angemessen war, nicht darum, zu zeigen wie der Mensch entstand, sondern was der Mensch ist: Ebenbild seines Schöpfers und Ganzheit aus zwei einander zugeordneten, ungleichartigen, aber dennoch gleichwertigen Geschlechtern.

Just diese Ungleichartigkeit, wesentliche Voraussetzung einer gegenseitigen Ergänzung, wird vom modernen Feminismus bestritten. Folgerichtig muß damit aber auch die Verschiedenheit der jeweiligen Aufgaben geleugnet und als lediglich „aufgezwungen“ dargestellt werden. Man möchte eben in der biblischen Hinordnung der Frau auf das Gebären, Pflegen und Erziehen von Kindern, das Sorgen um die unverzichtbare „Nestwärme“ – die Geborgenheit des Heimes etc. nur ein willkürliches patriarchalisches „Diktat“ sehen. Es sei, so wird argumentiert, ganz typisch für eine vorwiegend durch Männer bestimmte, einen Vatergott verehrende Gemeinschaft wie die alten Israeliten, daß sie die Frauen unterdrückt und an ihrer „Selbstverwirklichung“ durch die Einschränkung auf – wie man es später formulierte – „Kinder, Küche, Kirche“ , die drei „K“, hindert.

Daß eine solche Argumentation völlig die nicht minder großen, ja, mißt man sie am Textumfang der entsprechenden Genesisstellen, vielgestaltigeren Mühsale, zu denen das männliche Geschlecht in Adam verurteilt wurde, ignoriert, zeigt einmal mehr die ideologische Voreingenommenheit. Eine sachliche Bewertung ist unter derartigen Willkürvoraussetzungen überhaupt nicht mehr möglich. Ideologien gründen nun einmal nicht auf wissenschaftlichen, nachprüfbaren Erkenntnissen, sondern auf „Dogmen“, die bewußten oder unbewußten Wunschvorstellungen entstammen.

Das Hauptdogma des modernen Feminismus wurde von Simone de Beauvoir, der sog. Lebensgefährtin des Existentialismus-Philosophen Jean Paul Sartre, formuliert und wird seitdem von allen militanten Feministinnen kritiklos „nachgebetet“: „Wir werden nicht als Frauen geboren, wir werden dazu gemacht!“. Gleiches gilt selbstverständlich auch für das männliche Geschlecht. Die Geschlechtszugehörigkeit eines Menschen soll danach also nicht ein unausweichliches, biologisch festgelegtes „Schicksal“ sein. Es handele sich dabei lediglich um eine von der Gesellschaft aufgezwungene, anerzogene „Rolle“.

Die Folgerungen aus diesem „Dogma“ arten zwangsläufig ins Groteske aus. So behauptet die Feministin Alice Schwarzer, die das Buch von Simone de Beauvoir »Das andere Geschlecht« als die „Bibel des Feminismus“ preist, die Gebärfähigkeit sei „der einzige Unterschied, der zwischen Mann und Frau bleibt … alles andere ist künstlich aufgesetzt, ist eine Frage der geformten seelischen Identität“. Sie zitiert Psychiater, die ebenfalls dieser Überzeugung sind: „Die Geschlechtsidentität, Weiblichkeit und Männlichkeit, ist nicht eine biologische Identität, sondern eine psychische“. Das bedeutet schlicht und einfach: die Geschlechtsunterschiede, ausgenommen lediglich die Zeugungsorgane, sind nicht etwa biologisch vorgegeben, nicht angeboren wie beispielsweise Hautfarbe oder Blutgruppe, sondern werden erst nachträglich künstlich „gemacht“, durch Erziehung manipuliert.

Für den Biologen ist das allerdings keineswegs nachvollziehbar. Immerhin sind ja bei keiner Säugetierart die Unterschiede zwischen den beiden Geschlechtern – etwa die Mähne beim männlichen Löwen oder das bunte Gefieder des Stockerpels – durch irgendwelche Umwelteinflüsse, oder gar durch eine „manipulierte Erziehung“ bedingt, sondern allesamt angeboren im Sinne von ererbt, also genetischen Ursprunges. Wieso also sollte der Mensch, rein biologisch-körperlich betrachtet, da eine derart gravierende Ausnahme machen? Zudem konnte der bekannte Verhaltensforscher I. Eibl-Eibesfeldt nachweisen, daß die keinerlei Erziehung genießenden Kinder von Ko-Buschleuten in Südafrika eindeutig geschlechtsspezifische Interessen zeigten. Für die Mädchen war alles, was mit Tieren, Kleinkindern, Familie und Heim zu tun hat, vorrangig. Für die Jungen hatte, ohne daß sie durch Erwachsene in irgend einer Weise dazu angeleitet wurden, alles, was mit der Jagd, mit Kampf oder gar Technik (der sie erstmals in ihrem Leben in der Ausrüstung des Forschers begegneten!) zusammenhängt, Vorrang.

Daß an der Geschlechtszugehörigkeit eines Menschen Erziehung nichts zu ändern vermag, haben die mißlungenen Versuche gezeigt, Kinder entsprechend zu manipulieren. Eltern, die ihre Tochter bewußt und ganz gezielt wie einen Sohn erzogen, weil ihnen ein solcher versagt blieb, erreichten damit letzten Endes überhaupt nichts. Weder der Zwang, Jungenkleidung wie beispielsweise kurze Lederhosen zu tragen und statt mit Puppen mit Eisenbahn, Autos etc. zu spielen, änderte etwas an der Entwicklung zur normal weiblich empfindenden Frau.

Das wohl bekannteste Beispiel für eine derartige mißglückte „Vermännlichung" durch das Milieu und entsprechende rigorose Erziehungsmaßnahmen bietet die Lebensgeschichte der 1902 geborenen Autorin Joan Lowell. In ihrem autobiografischen Roman »Ich spucke gegen den Wind« erzählt sie ihren außergewöhnlichen Werdegang. Als elf Monate altes Baby nahm sie ihr Vater, Kapitän eines Segelschiffes, zu sich an Bord, wo sie dann viele Jahre nicht nur in einer reinen Männergesellschaft aufwuchs, sondern auch ganz wie ein männlicher Schiffsjunge behandelt wurde und hart arbeiten mußte. Doch das alles verhinderte nicht, daß sie sich mit 16 Jahren – noch immer „Schiffsjunge" – in einen der Matrosen verliebte und später einen Kapitän heiratete. Ihre strenge Erziehung, die außergewöhnlich harten Milieubedingungen, das Aufwachsen wie ein Junge in einer reinen Männergesellschaft – das alles führte keineswegs zur Übernahme einer „Männerrolle"!

Nein, das Geschlecht eines Menschen ist durchaus keine „Rolle", in die man hineinschlüpft und die man jederzeit nach Wunsch wieder ablegen oder wechseln kann wie die Schauspielerinnen und Schauspieler auf der Bühne! Daß man keine beliebig austauschbare Rolle daraus machen kann, das zeigt, neben dem Beispiel der Joan Lowell, auch das mißlungene „Experiment Hausmann". Über neunzig Prozent (!) aller sogenannten Hausmann-Ehen, in denen der Mann die „Rolle" der Hausfrau übernahm, scheiterten nach einer Untersuchung des Hamburger Instituts für Ehe- und Familienforschung bereits nach unverhältnismäßig kurzer Zeit. Im Durchschnitt währte das Familienglück höchstens vier Jahre. Als Grund für diesen eklatanten Mißerfolg wurde festgestellt, daß die Männer im Haushalt offensichtlich überfordert sind und sich nicht entsprechend anerkannt fühlen. Das Geschlecht eines Menschen wird nicht nachträglich „gemacht". Es ist keine austauschbare „Rolle", sondern biologisch festgelegte, ererbte Bestimmung eines jeden.

## 3. Sechzig Billionen Unterschiede!

Tatsächlich erreicht die Zahl der biologisch feststellbaren Unterschiede zwischen einem weiblichen und einem männlichen Körper diese schwindelerregende Höhe! Entspricht sie doch genau der Zahl der Zellen, aus denen sich der Körper eines Erwachsenen aufbaut. Jede einzelne dieser 60 Billionen Zellen (1 Billion = 1 Million Millionen!), ob Muskel-, Haut-, Drüsen-, Nerven- oder Bindegewebszellen usw. ist bei einer Frau auffallend anders „organisiert" als bei einem Mann. Ihre Kerne, die ja bekanntlich die Erbsubstanz beinhalten, sind dem jeweiligen Geschlecht entsprechend anders „programmiert“.

Die Programme, also die Informationen – sowohl für den Aufbau des Organismus, als auch für seine vielen verschiedenen Funktionen – sind in den Genen (Erbmerkmalsträgern) der Chromosomen („Kernschleifen“) verschlüsselt enthalten. Jede Körperzelle des Menschen enthält in ihrem Kern 46 dieser Chromosomen: 44 davon entsprechen einander bei Mann und Frau, zwei jedoch, die für die Geschlechtsunterschiede verantwortlichen Geschlechtschromosomen, sind unterschiedlich programmiert. Man nennt die weiblichen Geschlechtschromosomen X-Chromosomen, die männlichen Y-Chromosomen. Während jede Zelle des weiblichen Körpers zwei X-Chromosomen in ihrem Kern enthält, sind es im Kern der männlichen Zellen je ein X- und ein Y-Chromosom. Dieses eine Y-Chromosom entscheidet also darüber, daß ein neuer Mensch als Junge zur Welt kommt oder, wo es durch ein zweites X-Chromosom ersetzt ist, als Mädchen geboren wird.

Die gleiche genetische Information aller Körperzellen kommt dadurch zustande, daß sich alle Chromosomen bei jeder Zellteilung verdoppeln und danach entsprechend auf die beiden neuen Kerne der Tochterzellen verteilen (Äquationsteilung). Bei der Bildung der Keimzellen (Geschlechtszellen: Eizellen und Samenzellen) allerdings unterbleibt diese Chromosomenverdoppelung (Reduktionsteilung). Sowohl die weibliche Eizelle als auch die männliche Samenzelle enthalten in ihrem Kern lediglich den halben Chromosomensatz, also nur 23 Chromosomen: ein Geschlechtschromosom und 22 Körperchromosomen (Autosomen. Es sind „haploide" Zellen).

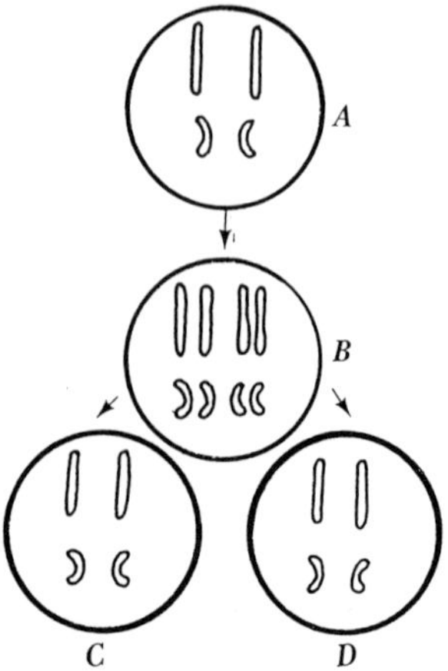


*Normale Zellteilung (Äquationsteilung). A: Ausgangszelle mit 4 Chromosomen. B: die 4 Chromosomen haben sich verdoppelt, ihre Information wurde dabei exakt kopiert. C und D: die beiden neuen Zellen (Tochterzellen) erhalten jeweils die Hälfte dieses doppelten Chromosomensatzes: jede zwei große und zwei kleine Chromosomen. Sie sind jetzt getreue Kopien ihrer „Elternzelle".*

Jede Eizelle besitzt als Geschlechtschromosom ein X-Chromosom, da sie ja aus einer Körperzelle hervorgeht, die über zwei X-Chromosomen verfügt. Die Samenzellen hingegen enthalten entweder ein X-Chromosom oder ein Y-Chromosom als Geschlechtschromosom, da sie aus männlichen Körperzellen entstehen, die beides besitzen. So wird also bei der Reduktionsteilung entweder das eine oder das andere an die dabei gebildete Samenzelle abgegeben. Bei der Befruchtung der Eizelle verschmelzen die (haploiden) Kerne von Ei- und Samenzelle zum neuen (diploiden) Kern der ersten Körperzelle des neuen Menschen. Kommen dabei zwei X-Chromosomen zusammen, wächst aus dieser Eizelle durch fortgesetzte Teilungen und Weitergabe des vollen (diploiden) Chromosomensatzes ein Mädchen heran. Trifft jedoch das X-Chromosom der Eizelle mit dem Y-Chromosom einer Samenzelle zusammen, so entsteht ein Junge.

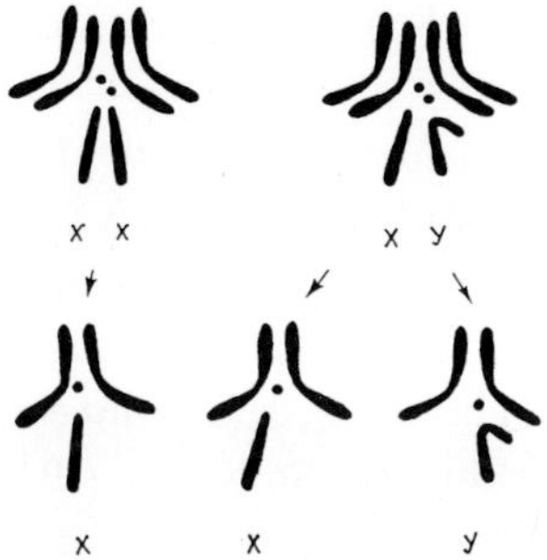


*Teilung einer (diploiden) Körperzelle in zwei (haploide) Keimzellen. Oben links: diploide Zelle einer weiblichen Taufliege (Drosophila) mit 6 Körper- und 2 Geschlechtschromosomen (X-Chromosomen). Rechts männliche Körperzelle der Drosphila mit einem X- und einem Y-Chromosom. Bei der Reduktionsteilung (die Chromosomen verdoppeln sich nicht, wie bei der Äquationsteilung!) entstehen zwei haploide Keimzellen: eine mit einem X- , die andere mit einem Y-Chromosom. Die Keimzellen des weiblichen Tieres sind gleich: beide enthalten ein X-Chromosom (hier nur eine dargestellt!).*

Wie sehr in der Tat schon ein einziges Chromosom schicksalhafte Veränderungen bewirkt, zeigen jene Fälle, wo bei der Reduktionsteilung ein Auseinanderweichen und Aufteilen des Geschlechtschromosomenpaares auf die jungen Keimzellen unterbleibt. Dabei entstehen Keimzellen mit einem überzähligen Geschlechtschromosom (also mit 24 statt der normalen 23 Chromosomen des „haploiden“ Chromosomensatzes). Bei der Verschmelzung einer solchen Samenzelle mit einer Eizelle enthält diese nach der Befruchtung demnach 47 statt 46 Chromosomen in ihrem diploiden Chromosomensatz. Entsteht beispielsweise die Geschlechtschromosomen-Konstellation XXY, so ist der betroffene Mann besonders hochwüchsig, durch unterentwickelte Geschlechtsorgane fortpflanzungsunfähig und mehr oder weniger schwachsinnig (sog. Klinefelter-Syndrom). Menschen mit der fehlerhaften Geschlechtschromosomen-Konstellation XXX sind weiblich, da sie ja kein Y-Chromosom besitzen, und ebenfalls schwachsinnig. Auch wenn nur ein einziges Körperchromosom (Autosom) überzählig ist, kommt es zu schwerwiegenden Fehlentwicklungen. So beruht z.B. das bekannte Erscheinungsbild des „Mongolismus" darauf, daß das Chromosom Nr. 21 nicht, wie im diploiden Chromosomensatz der gesunden Körperzelle doppelt (eines von der Mutter, das andere vom Vater) vorhanden ist, sondern dreifach (Trisomie). Das mongoloide Kind besitzt also in jeder Körperzelle 47 statt der normalen 46 Chromosomen im Kern.

Es überrascht also keineswegs, daß die Geschlechtschromosomen von derart entscheidender, schicksalhafter Bedeutung sind. Sie wirken bereits während der Entwicklung des jungen Menschenkindes im Mutterleib durch jeweils andere, spezifische Hormone auf den Fetus ein, und stellen sozusagen die Weichen für das gesamte zukünftige Leben, für das körperliche wie für das geistigseelische. Auch darin also zeigt sich, daß von einer jederzeit beliebig austauschbaren, durch Umwelt und Erziehung manipulierbaren „Geschlechterrolle" gar keine Rede sein kann!

## 4. Der „Mosaik-Charakter“ des weiblichen Körpers

Es gibt jedoch noch einen weiteren auffallenden Unterschied im Hinblick auf die Körperzellen und die von ihnen gebildeten Organe. Daß nämlich alle 60 Billionen Zellen des menschlichen Körpers, da sie ja aus einer einzigen befruchteten Eizelle durch getreues Kopieren ihrer Chromosomen bei jeder Teilung hervorgingen, auch genau die gleiche genetische Information in ihren Kernen besitzen, gilt überraschenderweise lediglich für den männlichen Körper. Es hat sich nämlich gezeigt, daß von den beiden X-Chromosomen, den Geschlechtschromosomen der weiblichen Zelle, immer nur das eine „aktiv“ ist, während das andere verklumpt und an den Rand des Zellkernes verdrängt wird. Dort kann man es als sogenanntes Sex-Chromatin oder Barr-Körperchen durch entsprechende Färbemethoden unter dem Mikroskop sichtbar machen. Man benötigt für diese Färbung und Untersuchung nur einige, der von der Mundschleimhaut ständig abgestoßenen, abgestorbenen „Epithelzellen“, die man mühelos mit einem Holzspatel von der Innenwand der Wange abschaben kann. Welches der beiden X-Chromosomen nun aktiv bleibt, ist offenbar dem Zufall überlassen. Dadurch besitzt der weibliche Körper – und nur er allein! – „Mosaikcharakter“. Das bedeutet: in zwei unmittelbar benachbarten Zellen eines Gewebes kann die eine das vom Vater geerbte, die andere jedoch das von der Mutter herstammende X-Chromosom aktiviert haben. Sie unterscheiden sich also nicht minder deutlich als die nebeneinanderliegenden, jeweils anders gefärbten Steinchen eines Mosaiks.

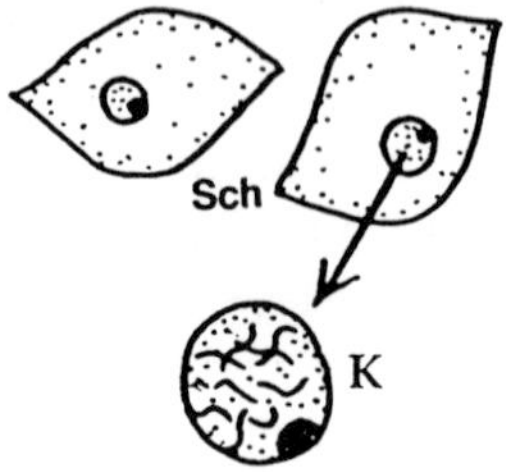


*Zellen der Mundschleimhaut (Epithelzellen) einer Frau (Sch). Das verklumpte eine X-Chromosom ist als (schwarzes) Barr-Körperchen am Rand des Zellkerns zu erkennen. K = herausvergrößerter Zellkern mit Chromosomen und Barr-Körperchen.*

Tatsächlich führt das in jenen Fällen, wo Frauen Überträger für einen der an das X-Chromosom gekoppelten Defekte des Farbensehens sind, dazu, daß sie farbenblinde Flecke auf ihrer ansonsten farbentüchtigen Netzhaut haben. Bei diesen farbenblinden Flecken handelt es sich um solche Zellen, deren Kern als aktives X-Chromosom jenes enthält, das diesen Defekt aufweist und der in diesem Fall nicht durch das zweite, gesunde X-Chromosom ausgeglichen werden kann. Daß diese Farbenblindheit bei Männern wesentlich häufiger auftritt als bei Frauen, hängt damit zusammen, daß sie kein ausgleichendes, gesundes zweites X-Chromosom in ihrem Zellkern besitzen. Bei Frauen hingegen müßten schon beide X-Chromosomen diesen Defekt aufweisen, um den betreffenden Mangel in Erscheinung treten zu lassen.

Auch dieser „Mosaik-Charakter" des weiblichen Organismus unterscheidet ihn biologisch deutlich und, wie bereits dieses eine erwähnte Beispiel zeigt, folgenschwer von dem männlichen mit seiner homogenen, einheitlichen Zellstruktur und widerlegt eindeutig das feministische „Dogma", ausschließlich die Geschlechtsorgane selbst unterschieden beide Geschlechter!

## 5. Ungleiche Startbedingungen

Daß sich derart schwerwiegende Unterschiede in den Kernen, den Befehlszentralen der weiblichen und männlichen Körperzellen auch auf die Leistungsfähigkeit der verschiedenen Organe auswirken müssen, ist nur allzu verständlich. So hat man bekanntlich von je her den konstitutionsbedingten Unterschieden der Geschlechter bei einer Bewertung sportlicher Leistungen Rechnung getragen. Niemand wäre jemals auf die Idee gekommen, von Frauen gleiche Höchstleistungen in der Leichtathletik zu verlangen, wie von Männern, oder Sportlerinnen mit Sportlern gemeinsam an den Start zum Hürden- oder Langlauf zu schicken! Nicht einmal die militantesten Feministinnen haben jemals eine solche „Gleichberechtigung“ eingefordert. Sie sind sehr wohl damit einverstanden, daß Sportlerinnen für wesentlich geringere Leistungen gleiche Leistungsabzeichen, ja olympische Medaillen erhalten wie ihre männlichen Kollegen.

Daß dies ganz zu recht geschieht, beweißt nicht allein die lange Erfahrung im Leistungssport, sondern auch die medizinisch-biologische Forschung. So ist allein schon die Belastbarkeit der Knochen bei Frauen im Durchschnitt auffallend geringer als bei Männern. Ein männliches Schlüsselbein z.B. bricht im Belastungsexperiment erst unter einem Druck von 192 Kilogramm, ein weibliches hingegen bereits bei 126 Kilogramm. Noch gravierender ist der Unterschied beim Oberschenkelhals: er bricht bei Männern erst unter einem Druck von 815 Kilogramm, bei Frauen jedoch schon bei 506 Kilogramm! Erschwerend – hier sogar im doppelten Wortsinne! – kommt noch hinzu, daß bei Frauen der Fettanteil am Gesamtkörpergewicht bei 25-30 % liegt, während er beim Mann nur etwa 10-18 % ausmacht. Umgekehrt verhält es sich mit dem Anteil der Muskulatur. Frauen erreichen hier Werte von 23-35,8 %, Männer hingegen zwischen 40-41,8 %.

Doch nicht nur allein das Verhältnis zwischen aktivem Bewegungsapparat (Muskulatur) und zu bewegenden Knochen bzw. der zu bewegenden gesamten Körpermasse ist im Hinblick auf den Leistungssport bei der Frau ungünstiger als beim Mann. Die Kraftleistung der weiblichen Muskulatur, bezogen auf die gleiche Muskelquerschnittsfläche, erreicht allenfalls 75-80 % der männlichen. Zudem hat sich herausgestellt, daß weibliche Muskeln durch gleiches Training weit weniger Leistungssteigerung erfahren als männliche.

Damit ist die „Benachteiligungsliste" der Frauen den Männern gegenüber, was die sportlichen Leistungen betrifft, jedoch keineswegs abgeschlossen. Aus später zu erklärenden Gründen sind die Atmungsorgane der Frauen, bezogen auf den Gesamtkörper, um ca. ein Fünftel geringer entwickelt als beim Mann. Die Lunge und damit ihre sauerstoffaufnehmende innere Oberfläche ist kleiner, und das Blut enthält weniger sauerstofftransportierende rote Blutkörperchen (Erythrozyten: nur 4,5 Millionen pro Kubikmillimeter während es beim Mann 5 Millionen sind!). Um der Atemluft einen Liter Sauerstoff zu entnehmen, muß eine Frau 24,5 Liter Luft veratmen, ein Mann dagegen nur 20,6 Liter. Infolgedessen tritt bei Frauen auch rascher ein Mangel an Sauerstoff im Muskelgewebe ein, was entsprechend schneller zur Ermüdung führt.

Als weiterer Leistungsminderungsfaktor kommt hinzu, daß das Herzgewicht bei Frauen, wiederum bezogen auf das Gesamtkörpergewicht, geringer ist als bei Männern. So gelangt bei jedem Herzschlag (Systole) auch nur eine entsprechend geringere Blutmenge in Lunge und Körper. Bei einem durchtrainierten Sportler können das maximal 37 Liter Blut pro Minute sein, bei der gleichermaßen trainierten Sportlerin lediglich dagegen maximal 25 Liter.

Diese jederzeit nachprüfbaren Tatsachen sind durch keine feministische Ideologie hinwegzudiskutieren: Es gibt sehr wohl auch über die Unterschiede im Bau der Fortpflanzungsorgane hinaus äußerst schwerwiegende biologische Verschiedenheiten zwischen den Geschlechtern! Verständlich wird aus alledem auch, weshalb für Frauen aus biologischen – und nicht aus „Rollen"-Gründen – bestimmte Berufe wegen der besonderen körperlichen Höchstleistungen, die sie erfordern, nicht in Frage kommen. So gibt es beispielsweise keine „Bergfrauen", was, ganz entgegen der Ideologie von einer angeblichen „Gleichheit mit Ausnahme der Gebärfunktion" stillschweigend auch von ansonsten kompromißlosen Feministinnen „geduldet" wird!

## 6. Geschlecht und Gesundheit

Auch in der geschlechtsspezifischen Anfälligkeit für bestimmte Erkrankungen verrät sich der tiefgreifende, ererbte und nicht etwa durch Erziehung und Milieueinflüsse bedingte biologische Unterschied zwischen Frauen und Männern. Besonders eindrucksvoll läßt sich das Geschlecht als Ursache einer Krankheit am Beispiel der angeborenen Ausrenkung des Hüftgelenks (Hüftgelenkluxation) nachweisen. Diese Luxation tritt bei neugeborenen Mädchen fünfmal so häufig auf wie bei Jungen.

Hauptursache ist eine Besonderheit der weiblichen Geschlechtsorgane Eierstock und Gebärmutter.

Diese beiden Organe reagieren bei den ungeborenen Mädchen (Feten) auf die vorgeburtliche Hormonsituation im mütterlichen Körper wie die entsprechenden Organe der Mutter auch, indem sie u.a. ein Hormon (Relaxin) produzieren, das bei der Gebärenden die Fugen zwischen den Beckenknochen lockert und dadurch den Geburtsvorgang erleichtert. Bei den weiblichen Feten lockert dieses Hormon auch die Gelenkkapseln. Infolgedessen genügen bereits einfache Muskelkontraktionen, um den Oberschenkelkopf aus seiner Gelenkpfanne herauszuziehen.

Ein anderes Beispiel bietet die unterschiedliche Alkoholverträglichkeit. Während Frauen bereits bei einem täglichen Konsum von 20-30 Gramm reinen Alkohols ein stark erhöhtes Risiko eingehen, an Leberzirrhose zu erkranken, liegt die Grenze beim männlichen Geschlecht genau doppelt so hoch. Auch zeigen Frauen schon nach einer deutlich kürzeren Alkoholabhängigkeitsdauer, während der sie ebensoviel tranken wie Männer, Ausfallserscheinungen bei den Gehirnfunktionen. Inzwischen wurden auch die Ursachen dieser so unterschiedlichen Reaktionen bei beiden Geschlechtern bekannt. Sie liegen im genetischen Code, sind also vererbt bzw. angeboren, und somit wiederum keineswegs das Ergebnis irgendwelcher Erziehungs- oder Umwelteinflüsse. Ein geschlechtsspezifisches Reagieren der Magenschleimhaut und des Darmes bedingen, daß Männer hier bereits deutlich mehr Alkohol abbauen. Dadurch gelangt bei ihnen auch entsprechend weniger Alkohol ins Blut und damit in alle Organe, die durch ihn geschädigt werden. Frauen hingegen erreichen, auch wenn man dabei das im Durchschnitt geringere Körpergewicht berücksichtigt, bei gleicher Trinkmenge einen weitaus höheren Blutalkoholspiegel als Männer, weil der schädigende Stoff offenbar nahezu „ungefiltert“ in die Blutbahn und die Organe gelangt.

Schon länger ist bekannt, daß Männer häufiger unter Angina pectoris, Herzinfarkt, Luftröhrenerkrankungen, Lungentuberkulose, Magen- und Darmerkrankungen (mit Ausnahme der chronischen Blinddarmentzündung, die beim weiblichen Geschlecht häufiger ist) oder chronischen Lebererkrankungen, vor allem Leberzirrhose leiden als Frauen. Bei diesen sind dagegen Gallenerkrankungen, Kropf, Schilddrüsenüberfunktion, gewisse Formen der Blutarmut (Eisenmangel-Anämie), chronischer Gelenkrheumatismus und Störungen des vegetativen Nervensystems (Vegetative Dystonie), aber auch Multiple Sklerose häufiger. Natürlich ist diese Liste keineswegs erschöpfend, aber sie mag immerhin genügen, um zu zeigen, daß sich Frauen und Männer nicht allein im Bau ihres Körpers (Anatomie) deutlich unterscheiden, sondern nicht minder auch in ihren biologischen Organfunktionen (Physiologie).

## 7. Warum gibt es überhaupt zwei Geschlechter?

Diese Frage ist durchaus berechtigt! Finden wir doch sowohl im Pflanzen- als auch im Tierreich zahlreiche Beispiele für die sogenannte „Jungfernzeugung“ (Parthenogenese), wobei aus unbefruchteten Eizellen völlig normale Pflanzen oder Tiere heranreifen. Das wohl bekannteste sind die Drohnen, die Männchen unserer Honigbienen. Bei anderen Gliedertieren (Arthropoden) wie den „Wasserflöhe“genannten kleinen Krebsen oder den Rebläusen wechseln aus unbefruchteten Eiern, also parthenogenetisch entstandenen Generationen sich mit solchen ab, die aus befruchteten Eiern hervorgehen. Bei der Reblaus folgen einander sogar mehrere parthenogenetische Generationen, die dann lediglich aus weiblichen Tieren bestehen. Erst im Herbst eines jeden Jahres treten plötzlich auch männliche Tiere auf, so daß es zu befruchteten „Wintereiern" kommt.

Selbst noch bei höheren Tieren können sich aus unbefruchteten Eiern normale Organismen entwickeln, wenngleich auch unter den Wirbeltieren nur einzelne Fälle dieser Art bislang bekannt wurden: z.B. bei einigen Eidechsen und Truthühnern. Bei dieser parthenogenetischen Vermehrung durch unbefruchtete Eizellen handelt es sich immer noch um eine geschlechtliche, denn Eizellen sind ja weibliche Geschlechtszellen.

Es gibt auch bei Tieren eine ungeschlechtliche Vermehrung, wie sie jedoch bei Pflanzen allerdings bekannter ist. Jedermann weiß z.B., daß unsere Kartoffeln nicht durch die Aussaat von Samen, sondern durch das „Stecken" von Saatkartoffeln, also Sproßknollen vermehrt werden. Gleichermaßen werden die Edelsorten beim Obst durch Pfropfen von Zweigen, Edelrosen durch das „Okulieren", das Einpfropfen von Knospen, vermehrt. Im Tierreich findet man eine vergleichbare „vegetative", also ungeschlechtliche Vermehrung nicht nur bei niederen Entwicklungsformen wie den Polypen und den bereits wesentlich höher organisierten Würmern (Hundebandwurm), sondern auch bei den schon nahe mit den Wirbeltieren verwandten Salpen (Seescheiden) und sogar bei Säugetieren. Bei den Gürteltieren nämlich entstehen durch nachträgliche

Knospung aus einem einzigen Ei mehrere Embryonen (Polyembryonie).

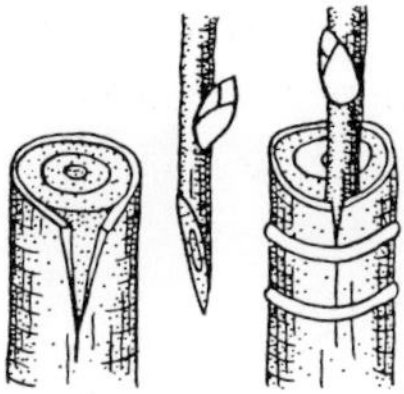

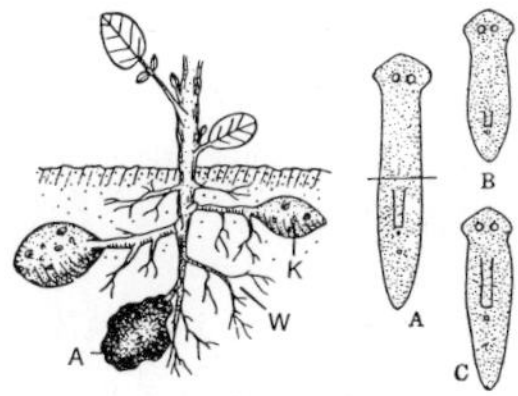


*Links: Ungeschlechtliche Vermehrung durch Pfropfen eines Edelreises auf eine Unterlage (sog. Kopulieren: die Rinde wird eingeschnitten, das Edelreis daruntergeschoben und mit Bast befestigt.*

*Rechts: Vegetative Vermehrung. Links Kartoffelstaude. A: alte Knolle aus der die Pflanze heranwuchs. K: neue Knolle. W: Wurzel. Rechts: Planarie (Strudelwurm). Das in seiner Mitte durchgeschnittene Tier (A) wächst in jeder Hälfte (B,D) zu einem neuen, ganzen Tier aus.*

Welche Bedeutung besitzt also die Zweigeschlechtlichkeit, wenn doch auch eine ungeschlechtliche Vermehrung bzw. eine Arterhaltung ohne männliches Geschlecht möglich ist?

Tatsächlich läßt sich diese Frage leicht beantworten: weil es ausschließlich bei der Befruchtung zu neuen Kombinationen von Erbanlagen kommt! Aus Knollen, Zwiebeln, Stecklingen, Knospen oder auch Teilung von Elterntieren (Polype, Eizellen) ungeschlechtlich herangewachsene Nachkommen gleichen ihrem „Elter" (es ist hierbei ja lediglich ein Elternteil vorhanden) völlig, da sie getreue Kopien von dessen Erbanlagen in ihren Zellkernen enthalten. Genau das ist auch der Grund, weshalb Kartoffeln oder Edelobstsorten vegetativ vermehrt werden: man möchte die Sorte unverändert weiterzüchten. Auch bei der eingeschlechtlichen, der parthenogenetischen Vermehrung kommt es zu keiner Neumischung der Erbanlagen.

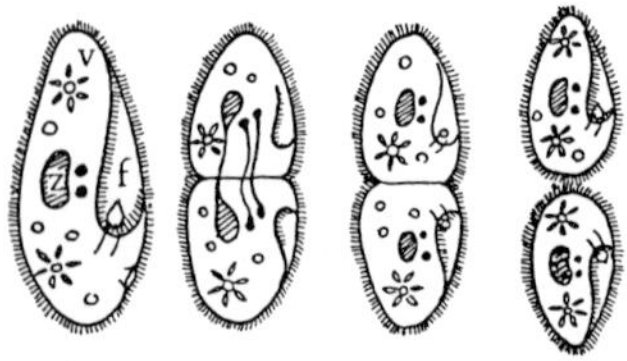

*Vegetative Vermehrung bei einem Einzeller (Pantoffeltierchen) durch Teilung. Z: großer Zellkern, V: pulsierende Vakuole (Ausscheidungsorganell), F: Mundfeld. A-C: die aufeinanderfolgenden Stadien der Teilung. Bei D ist die Trennung in zwei neue Tiere abgeschlossen. Beide wachsen anschließend wieder zur ursprünglichen Größe von A heran. Es kommt dabei nicht zu einer Neukombination der Erbanlagen!*

Das ist ausschließlich bei der zweigeschlechtlichen Vermehrung der Fall, wo im Augenblick der Befruchtung, also der Verschmelzung von Ei- und Samenzellkern, deren verschiedene Erbsubstanzen sich vereinigen. Dabei ist es anscheinend völlig dem Zufall überlassen, ob ein bestimmtes Chromosom im Eizellkern der Mutter von deren Vater oder Mutter stammt, oder ob das entsprechende Chromosom im Samenzellkern des Vaters von einem Ahnen der mütterlichen oder väterlichen Vorfahrenlinie herkommt. Nur dadurch ist es zu erklären, wenn ein Kind z.B. „die Nase des Großvaters" väterlicherseits oder aber die musikalische Begabung der Urgroßmutter mütterlicherseits geerbt hat.

Mitunter tritt sogar erst nach einer ganzen Reihe von Generationen ein ausgeprägtes altes „Familienmerkmal" wieder in Erscheinung (z. B. auch eine Mißbildung). Es gibt dank der 46 Chromosomen des Menschen, von denen 23 von seiner Mutter und ebensoviele von seinem Vater stammen, unvorstellbar viele Kombinationsmöglichkeiten. Die Möglichkeit, daß zwei Geschwister (ausgenommen natürlich eineiige Zwillinge!) einander in sämtlichen Erbmerkmalen gleichen, ist unter siebzig Billionen Fällen rein rechnerisch nur ein einziges Mal gegeben. Das heißt: ein Elternpaar müßte so viele Kinder haben, damit zumindest ein einziges Mal die Chance besteht, daß zwei von ihnen genetisch identisch sind. Die Vielfalt der Kombinationsmöglichkeiten bedingt wiederum eine entsprechende Vielfalt der „Phänotypen", also der Erscheinungsbilder, der Unterschiede zwischen den Angehörigen einer Art, die sich zweigeschlechtlich (bisexuell) fortpflanzt.

Bei Pflanzen wie Tieren ist das von außerordentlicher Wichtigkeit, weil durch die „Bereitstellung" vieler unterschiedlich veranlagter Nachkommen eine Anpassung an veränderte Umweltverhältnisse, Klimabedingungen etc. erleichtert wird. Ohne die zweigeschlechtliche Fortpflanzung wäre die Welt des Lebendigen niemals derart formenreich geworden und die Menschheit eine ziemlich eintönige Gesellschaft!

## 8. Aufeinander hingeordnet – zur Einheit bestimmt

Es ist nur allzu verständlich, daß jene Organe, die für die Arterhaltung und Weitergabe des Lebens unerläßlich sind, in ganz besonderer Weise „vollkommen" sein müssen. Dies umso mehr, als sie ja sozusagen „hälftig“ angelegt, also auf beide Geschlechter verteilt sind. Diese Aufteilung auf zwei Personen zeigt in geradezu einmaliger Art und Weise die gegenseitige Ergänzung aller Teilorgane zu einem höchst sinnvoll organisierten, allein dadurch voll funktionsfähigen Ganzen.

Das volle Ausmaß jener gegenseitigen Zuordnung beider Geschlechter im Dienste der Zeugung neuen Lebens wird erst gewahr, wer sie einmal mit den weniger komplizierten Wegen der Befruchtung von Eizellen durch Samenzellen im Tierreich vergleicht. Bei niederen Tieren wie z.B. den Stachelhäutern Seeigel oder Seestern werden diese Geschlechtszellen einfach in das Meerwasser ausgeschieden. Ob sie dort zusammentreffen und es zu einer Befruchtung der freischwimmenden Eizellen durch die ebenfalls frei herumschwimmenden Samenzellen kommt, bleibt weitgehend dem Zufall überlassen. So wird die hohe Zahl der von einem einzigen Tier erzeugten Keimzellen verständlich: sie erhöht schließlich die Wahrscheinlichkeit eines gegenseitigen Findens.

Selbst bei Wirbeltieren wird noch eine hohe Verlustquote in Kauf genommen. Bei Fischen, wie beispielsweise den Forellen, legen die Weibchen ihre Eier in eine zuvor mit der Schwanzflosse ausgefegte Kuhle, zwischen Kies- und Sandkörnern des Flußbettes. Danach ergießt das Männchen, ohne Körperkontakt mit dem Weibchen, seinen milchartigen Samen darüber (daher der Name „Milchner“). Durch die Kuhle ist die Wahrscheinlichkeit, daß viele Eier befruchtet werden, bevor die Strömung sie mitreißt, bereits wesentlich größer als bei den Stachelhäutern.

*Äußere Befruchtung bei den Fischen. Sobald das Weibchen (links) ablaicht, ergießt das Männchen seinen Samen über die Eier, die sich zwischen Steinen des Bodens verfangen.*

Noch erfolgreicher werden Verluste durch Nichtbefruchtung der Eier eingeschränkt, wenn – wie bei Fröschen oder Kröten – die beiden Tiere eng beieinander bleiben. So warten die kleineren Männchen dieser Amphibien (Lurche), auf dem Rücken ihrer größeren Weibchen hockend, geduldig, bis diese ablaichen – also ihre Eier ins Wasser abgeben. Im gleichen Augenblick scheiden sie dann ihren Samen direkt über diesen Eiern aus und helfen durch heftiges Strampeln mit ihren Hinterbeinen einer – die Befruchtungschancen wesentlich steigernden – Durchmischung beider Keimzellenarten nach.

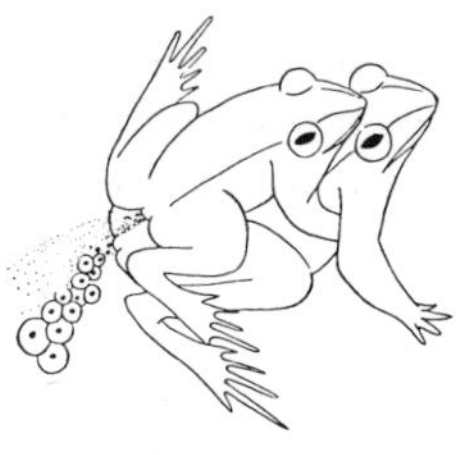

*Frösche in der Paarung. Das kleiner Männchen wartet den Augenblick ab, wo das Weibchen, an das es sich anklammert, ablaicht, und besamt die Eier sofort.*

Erstaunlicherweise finden wir bereits auf viel niedrigeren Entwicklungsstufen des Tierreiches, z. B. bei Würmern, Krebsen und Insekten, Organe im männlichen Geschlecht, die als Samenüberträger (Penis) eine Befruchtung bereits im Körper der weiblichen Tiere ermöglichen. Verständlicherweise ist dabei natürlich der Verlust an unbefruchteten Eiern am geringsten. Voraussetzung ist allerdings hier schon eine sinnvolle gegenseitige Zuordnung und Ergänzung der betreffenden Organe sowie der ihnen entsprechenden instinktiven Verhaltensweisen.

Gerade nun beim Menschen, der Krone der Schöpfung, dem höchstentwickelten Lebewesen, begegnen wir in der wunderbaren Zuordnung der beiden Geschlechter ihrer so überaus sinnvollen gegenseitigen Ergänzung im Bau und in den Funktionen ihrer Zeugungsorgane dem tiefsten Geheimnis des lebendigen am unmittelbarsten. Jede Differenzierung beim einen Geschlecht entspricht beim anderen einer exakt dazu passende Ergänzung. Dem weiblichen, Eizellen hervorbringenden Ovar (Eierstock) entspricht der männliche, Samenzellen produzierende Hoden; dem männlichen Glied (Penis) entspricht die weibliche Scheide (Vagina) usw.

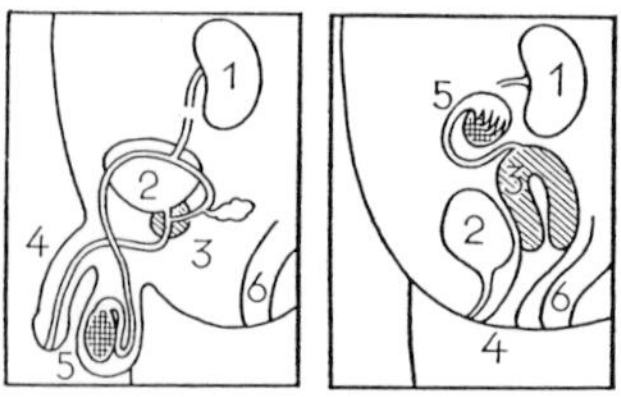


*Schnitt durch das männliche (links) und das weibliche (rechts) Becken. 1 = Niere, 2 = Blase, 3 = Prostata bzw. Gebärmutter, 4 = männliches Glied bzw. Scheide, 5 = Hoden bzw. Eierstock, 6 = Enddarm*

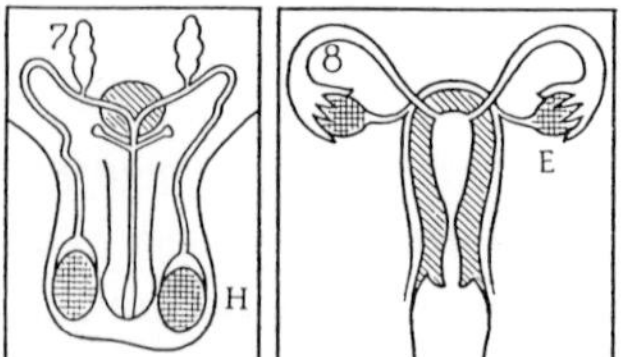


*Männliche (links) und weibliche (rechts) Geschlechtsorgane im Schnitt von vorn. 7 = Samenbläschen, 8 = Eileiter*

Auch jene Lebensprozesse, die physiologischen Vorgänge im weiblichen wie männlichen Körper, die mit der Zeugung von Nachkommen zusammenhängen, sind in vielfältig verwobener, sinnreich geordneter Art und Weise aufeinander abgestimmt. Es ist hier nicht der Ort, sämtliche Hormonreaktionen und die erstaunliche Ordnung dieses streng hierarchisch geregelten, von der Hypophyse, der Anhangsdrüse des Zwischenhirns gesteuerten Geschehens im einzelnen darzustellen. Es mag genügen festzustellen, daß die der Arterhaltung dienende menschliche Sexualität an Voraussetzungen gebunden ist, deren strenges Ordnungsgefüge eindeutig auf jenes hohe Ziel hinorientiert ist. Allein schon daraus geht völlig zweifelsfrei hervor, daß jede Form von Homosexualität widernatürlich und pervers ist.

Auch die Vorgänge, die sich nach der Befruchtung einer Eizelle im mütterlichen Körper abspielen, zeigen diese sinnvolle, auf das Lebensziel der Arterhaltung hinorientierte Ordnung. Von der rechtzeitig erfolgenden Vorbereitung der Gebärmutterschleimhaut zur Aufnahme des befruchteten Eies über die Nahrungs- und Sauerstoffversorgung des heranwachsenden Menschenkindes bis zu seiner Geburt offenbart sich dieses Lebenswunder Tag für Tag.

Wie zielorientiert hierbei alles abläuft, das zeigen allein schon die Voraussetzungen des Zusammenfindens von männlichen Samenzellen und weiblichen Eizellen vor der Befruchtung. Immerhin müssen die Samenzellen einen – gemessen an ihrer Winzigkeit – ziemlich langen Weg durch Gebärmutter und Eileiter zurücklegen, bis sie dort schließlich auf eine Eizelle treffen. Sie schwimmen mit

Hilfe ihres langen, beweglichen Schwanzfadens, in der Uterus- (Gebärmutter) und Eileiterflüssigkeit mit einer Geschwindigkeit von 0,04 mm in der Sekunde – also vier Hundertstel Millimeter. Doch das Entscheidende dabei ist: das Ei selbst weist ihnen mit unfehlbarer Sicherheit den Weg, indem es chemische Substanzen ausscheidet, die Spermien regelrecht anlocken. Sie brauchen dem Konzentrationsgefälle dieser Stoffe nur entgegenzuschwimmen, also stets zur höheren Konzentration hin, um am Ende zwangsläufig mit dem befruchtungsreifen Ei zusammenzutreffen.

Allein schon dieses „Aufeinander-abgestimmt-sein" zeigt, wie sich die beiden Geschlechter bereits auf der Ebene ihrer Keimzellen gegenseitig ergänzen, wie sehr sie voneinander abhängen und eines seine Bedeutung, seinen „Wert" erst durch das andere erhält. Auch daß sich das Kind rechtzeitig vor seiner Geburt so herumdreht, daß sein verhältnismäßig großer Kopf sozusagen den Weg bahnt für den nachfolgenden Körper, daß die noch weichen, verformbaren Knochen dieses Köpfchens an ihren Rändern noch nicht verwachsen sind und sich daher – ohne Schaden zu nehmen – etwas gegeneinander verschieben und zusammenpressen lassen, so daß der enge Knochenring des mütterlichen Beckens gerade noch passiert werden kann, zeigt die sinnreiche gegenseitige Zuordnung aller anatomischen und physiologischen Voraussetzungen der Geburt eines Menschenkindes. Hinzu kommt schließlich noch die bereits in anderem Zusammenhang erwähnte Dehnbarkeit der Fugen zwischen diesen mütterlichen Beckenknochen!

Wer alle Lebensformen und Lebenserscheinungen allein durch den sinnleeren „Zufall" zu erklären versucht, der tut sich gerade hier besonders schwer! Wie in diesem Zusammenhang gar nicht anders zu erwarten, zeigen auch Bau und Funktionen der Geschlechtsorgane des Menschen in ihrer gegenseitigen Zuordnung und Abhängigkeit voneinander überzeugend die Gleichwertigkeit der Geschlechter. Keines von beiden genügt allein, um die Menschheit als Art zu erhalten, keines vermag also ohne das andere zu existieren. Es entbehrt daher jeglicher Grundlage, ein Geschlecht für minder bedeutsam zu halten als das andere, oder es gar als benachteiligt zu betrachten.

## 9. Schamgefühl – nicht mehr zeitgemäß?

Im Buche Genesis des Alten Testaments wird berichtet, wie sich Adam und Eva, das erste Menschenpaar, nach dem Sündenfall vor Gott hinter Gesträuch des Paradiesgartens verbarg. Die Übertretung des strengen Gebotes, nicht vom Baume der Erkenntnis zu essen, hatte auch zur Folge, daß „sie erkannten, daß sie nackt waren" und sich dieser Nacktheit schämten.

Vielen Menschen unserer so aufgeklärten Zeit ist jegliches Verständnis für die sexuelle Scham längst abhanden gekommen. Sie halten schamhaftes Verhalten für „Prüderie" oder günstigstenfalls für „verklemmt" und überholt. Tatsächlich könnte man angesichts dessen, was die sog. „Regenbogenpresse" an jedem Kiosk allein schon an Fotos zur Schau stellt, was Film und Fernsehen täglich an Sex-Szenen ausstrahlen, oder was spezielle Talkshow-Sendungen an Schamlosigkeit, ja plattem Exhibitionismus darbieten, leicht zu dieser Überzeugung gelangen.

„Sex“, worauf man heutzutage die reichhaltigen Erscheinungsformen menschlicher Sexualität verarmend reduziert, ist doch, so wird argumentiert „die natürlichste Sache der Welt“ – warum also gäbe es da irgend etwas zu verbergen? Schamgefühl, so wird einfach behauptet, sei lediglich anerzogen, nur eine aufgezwungene, ja gar widernatürliche Reaktion. Tiere kennen schließlich auch keinerlei Scham!

Nun, letzteres ist durchaus richtig. Aber gerade deshalb schrieb einmal der – ausgerechnet! – marxistische Dichter Bert Brecht: „Vielleicht ist der Mensch nie so sehr Mensch, als wenn er sagt: ich schäme mich!“ Schamfähigkeit ist also, ganz im Gegensatz zum modernen Sexismus, ein ganz besonderer Wert, ein ausschließliches Menschenmerkmal, das allein die Krone der Schöpfung auszeichnet. Warum denn kennen Tiere keine Scham?

Der Zoologe und Naturphilosoph J. Illies gibt auf diese Frage eine einleuchtende Antwort. Es fehlt den Tieren die Erkenntnis ihrer „Unvollkommenheit“ als Geschlechtswesen, zu der ein jedes Menschenkind – unabhängig von aller Erziehung – ganz von selbst gelangt, sobald es anfängt, erwachsen zu werden. „Kinder beginnen sich ihres Geschlechts zu schämen, wenn sie erstmals begreifen, daß sie es haben, also daß sie „nur“ ein Junge oder „nur“ ein Mädchen sind. Dieses „Nur“ heißt ja: sie sind nicht einfach ein voller, ganzer Mensch, sondern gewissermaßen nur ein „halber“. Damit faßt Illies die Erklärung moderner Entwicklungspsychologen über den Urgrund der sexuellen Scham zusammen.

Auch Eltern, die ihre Kinder durchaus nicht prüde erzogen haben, machen die Erfahrung, daß sie von einem bestimmten Zeitpunkt ihrer Entwicklung an plötzlich die Badezimmertür von innen verschließen. Ganz offensichtlich ist die Ausbildung von Schamempfinden abhängig von einem festgelegten geistig-seelischen Reifezustand. Wie sagte doch schon der berühmte Wiener Arzt und Begründer der Psychoanalyse, Sigmund Freud: „Abwesenheit von Schamgefühl ist ein sicheres Kennzeichen von Schwachsinn!" Diesen weisen Satz eines überragenden Gelehrten und Forschers sollte man allen Eltern ins Stammbuch schreiben, die da meinen, ihren Kindern einen Gefallen zu tun, ja eine Lebenshilfe zu erweisen, wenn sie versuchen, ihnen mit allen Mitteln das natürliche Schamgefühl regelrecht „abzudressieren"

Darüberhinaus aber wies die biologische Verhaltensforschung (Ethologie) noch andere, eindeutig im Dienste der Arterhaltung stehende Ursachen für die Bedeutung des menschlichen Schamgefühls nach. Ein Rückblick ins Tierreich erhellt diese auch biologisch wichtige Tugend des Menschen. Dafür, daß die „richtigen", die artgleichen, jedoch geschlechtsverschiedenen Partner einander finden und zusammenbleiben und daß es schließlich zur Paarung kommt, sorgt eine schier unendliche Mannigfaltigkeit an sogenannten „Auslösern".

So sind es beispielsweise ganz spezifische, unverwechselbare Düfte als „Signale", die bei Schmetterlingen das Männchen sogar über beträchtliche Entfernungen (mehrere Kilometer!) hinweg zu Weibchen seiner Art locken und paarungsbereit stimmen.

Bei den Heuschrecken leisten weithin auch für unsere Ohren vernehmliche Zirplaute der Männchen, von denen die Weibchen angelockt werden, den gleichen wichtigen Dienst (die Weibchen können die Richtung, die sie zu den zirpenden Männchen führt, mit Hilfe ihrer ausgezeichneten Hörorgane sehr genau bestimmen).

Bei der Balz unserer Singvögel spielen neben dem Gesang, der ja ebenfalls von Art zu Art verschieden und infolgedessen unverkennbar ist, auch die Gefiederfarben eine entscheidende Rolle als „Auslöser" für den Geschlechtspartner. Die z.B. bei der Balz eines Pfauenhahnes zur Schau gestellte Gefiederpracht und mehr noch das beim „Radschlagen" durch die Reibung zwischen den Federn erzeugte knisternde Geräusch imponieren, als „Auslöser" der Paarungsbereitschaft ausschließlich der Pfauenhenne, nicht jedoch etwa einem Haushuhn oder einer Taube. Ebenso macht weder das sanfte Flöten eines Amselmännchens, noch das unvergleichliche Schluchzen und Schlagen eines Nachtigallenhähnchens den geringsten Eindruck auf ein Sperlingsweibchen. Das reagiert nur auf das einfache, unmelodische Schilpen des männlichen Sperlings. Auch hierin zeigt sich wieder die Vollkommenheit der Zuordnung beider Geschlechter, ihre vollendete gegenseitige Ergänzung!

Auch bei uns Menschen sind vergleichbare geschlechtsspezifische Auslöser beteiligt, wenn ein junges Mädchen auf einen jungen Mann „anziehend" wirkt und umgekehrt. Die biologischen Ursachen reichen bis weit in die menschliche Vor- und Frühgeschichte zurück. Auslöser für das jeweils andere Geschlecht sind noch heute jene ganz besonderen Merkmale des weiblichen wie des männlichen Körpers, die sich während der langen Jägerperiode unserer Vorfahren herausbildeten und die in Kap.10 ausführlich beschrieben, sowie in ihrer ursprünglichen Bedeutung erklärt werden.

Es handelt sich vor allem um jene sog. „sekundären Geschlechtsmerkmale", die schon bei den alten Kretern um die Mitte des zweiten Jahrtausends v. Chr. durch ihre Kleidung besonders hervorgehoben und betont wurden: die schmalen Schultern und breiten Hüften sowie der Busen bei den Frauen, andererseits die breiten Schultern, schmalen Hüften und langen, muskulösen Beine beim Mann. Auch die Mode der Rokokozeit verstärkte mit ihren, die weiblichen Hüften scheinbar verbreiternden Reifröcken, dem gestützten und dadurch größer wirkenden Busen bei den Frauen die natürlichen Auslöser. Bei den Männern leisteten Wattierungen, die scheinbar die Schultern verbreiterten und künstliche Waden, die kräftige „Jägerbeine" vorgaukelten, den gleichen Dienst.

*Die Mode betonte früher wie heute noch die typischen weiblichen und mänlichen „sekundären Geschlechtsmerkmale". Sie sind ja auch „Auslöser" für das andere Geschlecht. Links: Frau aus Kreta (um 1500 v. Chr.) mit überbetonten Hüften, schmalen Schultern und sichtbarem Busen. Rechts: Mann im Frack mit wattierten, künstlich verbreiterten Schultern, schmalen Hüften und durch die langen Hosen auch scheinbar kräftigen „Jägerbeinen".*

Auch die heutige Mode bedient sich vergleichbarer „Nachbesserungen“ der betont weiblichen und männlichen sekundären Geschlechtsmerkmale. Die Skala reicht vom ausgefütterten Büstenhalter bis zu Männerschuhen mit besonders dicken Sohlen, die einen größeren Wuchs vortäuschen.

Die Wirkung der natürlichen Verhaltens-Auslöser des menschlichen Körpers auf den Andersgeschlechtlichen kann man sogar ganz objektiv messen. Zeigt man einer Versuchsperson Aktfotos vom anderen Geschlecht, so erweitern sich, ohne daß sie selbst etwas davon bemerkt oder dies gar willentlich unterdrücken könnte, ihre Pupillen.

Selbstverständlich genügen diese biologischen Auslöser allein beim Menschen nicht für eine erfüllte, dauerhafte Bindung. Beim Homo sapiens, dem einzigen Lebewesen, dessen „eigentliche Natur die Kultur ist“ (Arnold Gehlen), spielen spezifisch menschliche Werte letztlich die entscheidende Rolle bei der Partnerfindung und Paarbildung. „Was nützt mir denn so ein breitschultriger Muskelprotz“, meinte eine fünfzehnjährige Schülerin, „der nichts als Fußball oder Motorräder im Sinn hat? Ich brauche jemanden, dem ich auch einmal ein persönliches Problem, einen Kummer anvertrauen kann, mit dem ich vernünftig reden kann, weil ich seine Interessen teile und er die meinigen und den ich gut leiden mag, weil er bestimmte Eigenschaften hat, die ich liebe. Ein „nur-Tarzan“ ödet mich recht bald an!“

Was hat dies alles letztlich aber mit dem Schamgefühl zu tun? Nun: im Gegensatz zum Tier, dessen sexuelle Aktivität an bestimmte Zeiten im Jahresablauf gebunden ist –

die Brunftzeit der Hirsche ist ein bekanntes Beispiel dafür – bleibt der Mensch ununterbrochen zu jeder Zeit sexuell ansprechbar. Er käme also niemals „zur Ruhe“, wenn ihn ständig die sexuellen Auslöser des anderen Geschlechts herausforderten, ja regelrecht provozierten. So ist die sexuelle Scham in der Tat ein biologisch unverzichtbarer Schutz vor solcher Überforderung, ein biologisch bedeutsamer Regulator, da sie die Auslöser verbirgt! Eine Hilfe für den Anderen, den Mitmenschen, der mit sicherem Instinkt jede echte, aufdringliche Schamlosigkeit ganz natürlich als Belästigung empfinden muß. Schamgefühl ist daher ein verhaltensbiologisch wohlbegründeter Appell an die Verantwortung dem Anderen gegenüber.

Wie aus Polizeiakten ersichtlich ist, stieg z.B. in Paris mit Einführung der Minirock-Mode die Zahl der Überfälle auf Mädchen und junge Frauen in beängstigendem Maße an – nur ein einziges Beispiel unter unzähligen gleichgelagerten! Beim Menschen, dem es ja an einem verbergenden Fell mangelt, sind, zumal durch seine aufgerichtete Körperhaltung, die Geschlechtsorgane als verständlicherweise stärksten Auslöser sichtbar. So dient die Kleidung nicht allein der durch diesen Fellverlust mangelhaften Wärmeisolation, sondern auch dem Verbergen der „Scham“, wie man früher bezeichnenderweise die primären Geschlechtsmerkmale des Menschen nannte.

Ohne die sexuelle Scham wäre aus den aufgeführten Gründen ein geregeltes Zusammenleben unter Menschen gar nicht möglich. Welche Unruhe, Verwirrung, Frustrationen, Aggressionen bis hin zum Verlust des Arbeitsplatzes die Verletzung dieses biologisch-instinktiven Schutzes der Würde der Person durch Verletzung des Schamgefühles verursacht, das zeigen immer wieder aufs neue Berichte in Illustrierten und Fernsehsendungen über „Sex am Arbeitsplatz“ oder „Sex im Büro“ u.ä. Mit überflüssiger, schädlicher Prüderie hat also echtes, biologisch gesundes Schamgefühl nichts gemein.

Allerdings kann das natürliche Schamgefühl auch regelrecht „aberzogen“ werden. Man versucht dann solches Fehlverhalten, beispielsweise an FKK-Stränden, in beschämender Unwissenheit über die biologische Funktion der Scham paradoxerweise gar als „natürlich“ zu rechtfertigen. Die Folgen können sehr schwerwiegend, ja mitunter katastrophal sein. Auf Kinder, denen die sexuelle Scham aberzogen wurde, wirken später die natürlichen Auslöser des Andersgeschlechtlichen nicht mehr – oder zumindest nicht mehr im natürlichen, gesunden Maß. So müssen andere, stärkere, gar schmerzverursachende Reize die sexuelle Erregung steigern: es kommt zu masochistischen und sadistischen Ausschweifungen, die dann u.U. sogar noch in einer Talkshow genüßlich geschildert werden! Ja, wenn „Sex“ dadurch völlig seinen Reiz verliert, müssen eben Rauschmittel Ekstase vermitteln.

Auch hier gilt also, was nicht etwa ein Prophet des Alten Testamentes oder ein Evangelist sagte, sondern das erfahrene „Weltkind“ Johann Wolfgang v. Goethe: „Jede Schuld rächt sich auf Erden!“

## 10. Das Erbe der Urzeit

Die so auffallenden, ererbten und nicht etwa durch Erziehung „aufgezwungenen“ Unterschiede in Körperbau, Konstitution und körperlicher Leistungsfähigkeit zwischen Frauen und Männern sind nur aus ihrer biologischen Bedeutung ursächlich erklärbar. Man vermag ihre ursprüngliche Aufgabe, ihre jeweilige Funktion nur zu verstehen, wenn man ihre Entwicklung während der Urgeschichte der Menschheit verfolgt.

Die Zeitspanne, während der unsere Ahnen als Jäger und Sammler lebten, erstreckt sich über viele Jahrzehntausende. Mit ihr verglichen, schrumpft die Bedeutung unserer geschichtlichen Zeit, die seit der Erfindung der Schrift lediglich wenige Jahrtausende währt, erheblich. Ja, ihr Einfluß auf eine mögliche biologische Veränderung des Menschen durch äußere Einflüsse ist in der Tat gleich null.

Wie wir heute, durch zahlreiche archäologische Funde bestätigt, wissen, unterschieden sich unsere Jäger-Vorfahren, die Cro Magnon-Menschen der letzten Eiszeit, so gut wie überhaupt nicht von uns rezenten, gegenwärtigen Menschen. Wie alle heute auf unserer Erde lebenden Rassen gehörten auch sie zur Art „Homo sapiens". Nicht allein ihre herrlichen Höhlenmalereien (Altamira in Spanien, Lascaux u. v. a. in Frankreich) ihre Plastiken, Werkzeuge und Waffen – auch vor allem die Zeugnisse ihres Totenkultes, die uns einen Jenseitsglauben verbergen, bestätigen, daß diese Eiszeitjäger diesen ehrenhaften Artnamen Homo sapiens, der weise Mensch, durchaus nicht mit geringerem Recht tragen als wir heutigen. Man darf es ganz im Gegenteil mit recht bezweifeln, ob ein moderner Stadtmensch ohne die vielfältigen Hilfsmittel unserer hochentwickelten Zivilisation in der Lage wäre, auch nur einen einzigen Winter unter den äußerst harten Lebensbedingungen der Eiszeit zu überstehen. Die Cro Magnon-Menschen jedoch waren immerhin findig genug, nicht nur einen Winter, sondern insgesamt ca. vierzigtausend Jahre unter diesen Voraussetzungen zu überleben!

Es ist begreiflich, daß während dieser schwer vorstellbar langen Zeit nur jene Menschen sich behaupten konnten, die sowohl nach ihrem Körperbau als auch nach ihrer physischen Leistungsfähigkeit hervorragend an die herrschende Unbill des Klimas und die rauhen Lebensbedingungen inmitten einer Welt voller gefährlicher Feinde angepaßt waren. Zwangsläufig mußte also ein fortwährender Auslese-Prozeß stattfinden: die schwächeren Individuen waren nicht in der Lage, sich zu behaupten und fielen der erbarmungslosen Selektion zum Opfer.

Die zum Überleben in diesem harten „Kampf ums Dasein“ geeigneten Männer waren die ausgesprochenen Jäger-Typen: mit langen, weit ausholende Schritte ermöglichenden, muskulösen Beinen, die es ihnen erlaubten, auch über weite Strecken waidwund getroffenem Wild nachzueilen; mit kräftigen Armen, die den Speer mit seiner schweren Steinspitze weit und zielgenau schleudern konnten und breiten, starken Schultern, auf denen die getötete Beute zum Feuer unter dem schützenden Felsüberhang, dem „Abri“ unter dem die Großfamilie hauste, mühelos heimgetragen werden konnte. Der mächtige Brustkorb bot genügend Raum für eine große Lunge, deren sauerstoffaufnehmende Bläschen lückenlos nebeneinandergelegt die Frontfläche eines mehrstöckigen Wohnhauses (über 100 Quadratmeter) bedecken würden. Dieser Atemfläche entspricht die hohe Zahl der den Sauerstoff in die Muskeln und anderen Organe transportierenden Roten Blutkörperchen (500 Millionen pro Kubikmillimeter Blut). Nur unter diesen Voraussetzungen ging dem flinken

Wild nachsetzenden Jäger nicht buchstäblich „die Luft aus“!

Dieser „Tarzan der Eiszeit“, der in der Tat „hinaus ins feindliche Leben“ mußte, war es, den die Cro Magnon-Frau zu ihrem Mann und Vater ihrer Kinder wählte. Versprach doch sein so „männliches“ Erscheinungsbild nicht nur eine durch seine reiche Jagdbeute gesicherte Ernährung, sondern ebenso auch den Schutz seiner Familie vor wilden Tieren und räuberischen Mitmenschen. Das markante Gesicht verriet ihr Entschlossenheit und Wagemut, die tiefe, sonore Männerstimme beruhigte in gefährlichen Situationen und nahm den Bedrohten die Angst. Diese besonderen Merkmale des erfolgreichen Eiszeit-Jägers sind es letztlich, die auch heute noch unbewußt, ganz „instinktiv“ als Auslöser wirken, und die einen Mann allein schon von seiner äußeren Erscheinung her Frauen sympathisch machen.

Und die entsprechenden Merkmale des weiblichen Körpers? Frauen sind durchaus keine Jägerinnen-Typen. Sie konnten die Männer ja auf ihren Streifzügen nicht begleiten, da sie entweder schwanger waren oder aber ihre Kinder verschiedenen Alters in der Wohnstätte, dem Abri und seiner unmittelbaren Umgebung, betreuen mußten. So war also zwangsläufig das „Heim“ mit der Feuerstelle, die ständiger Wartung bedurfte, die Wirkungsstätte der Eiszeitfrau. Sie war es aber auch, die durch ihre Gebärfähigkeit das Überleben der Sippe garantierte.

Kinderreichtum war, zumal bei der zweifellos extrem hohen Kindersterblichkeit unter den herrschenden schweren Lebensbedingungen, eine unerläßliche Voraussetzung dafür, daß die Sippe möglichst groß und damit anderen

Sippen – und der Umwelt gegenüber – entsprechend widerstandsfähig blieb. Daher rührt auch die Hochachtung, die Frauen als Mütter genossen. Zahlreiche Frauenfigürchen aus dieser fernen Zeit legen dafür ein recht beredtes Zeugnis ab. Es handelt sich dabei größtenteils um Fruchtbarkeitssymbole, die jene Merkmale des weiblichen Körpers in stark übertriebener Weise betonen, die mit dem Gebären und der anschließenden Fürsorge für die Kleinkinder in engem Zusammenhang stehen: die breite Becken- oder Hüftpartie und die große Brust.

Männerdarstellungen aus der Eiszeit sind relativ selten. War doch die Rolle des Mannes als Vater damals noch nicht klar und sollte erst viel später erkannt werden. Es verwundert somit nicht, daß es die Befähigung zur gesunden Mutterschaft, zum Gebären und Nähren möglichst vieler kräftiger Kinder war, die für die Herausbildung der als typisch weiblich geltenden Körpermerkmale die entscheidende Rolle spielte. Die Männer wählten sich die zukünftige Mutter ihrer Kinder also bevorzugt nach jenen Merkmalen aus, die ebenfalls heute noch als „Auslöser“ wirksam sind und offenbar zeitlos „werbewirksam“ bleiben: rote Lippen, die ein „gesundes Blut“ signalisieren, die leichte Geburten verheißenden breiten Hüften sowie eine reichliche, gesunde Ernährung der erwünschten zahlreichen Nachkommenschaft versprechende gut ausgebildete Busen. Hier fand also in erster Linie eine „geschlechtliche Zuchtwahl“ statt, eine gezielte Auslese durch die Gattinnenwahl der Männer.

In welchem Ausmaß der weibliche Körper durch seine zentrale Aufgabe der Mutterschaft geprägt ist, das zeigt bereits ein Vergleich des weiblichen Skeletts mit dem männlichen. Die weiblichen Schultern, die ja keine schwere Jagdbeute zu tragen hatten, sind auffallend schmäler als die männlichen, der Brustkorb ist kürzer, das Becken flacher und breiter (es muß ja, wie eine bergende, stützende Schale das heranreifende Kind tragen können!) als beim männlichen Skelett. Infolgedessen wird das sogenannte „Bauchfenster", der Abstand zwischen dem untersten Rippenbogen und den breiten Darmbeinschaufeln des Beckens, bedeutend größer als beim Mann. Hier muß selbst im letzten Schwangerschaftsmonat das Kind noch ausreichend Raum haben.

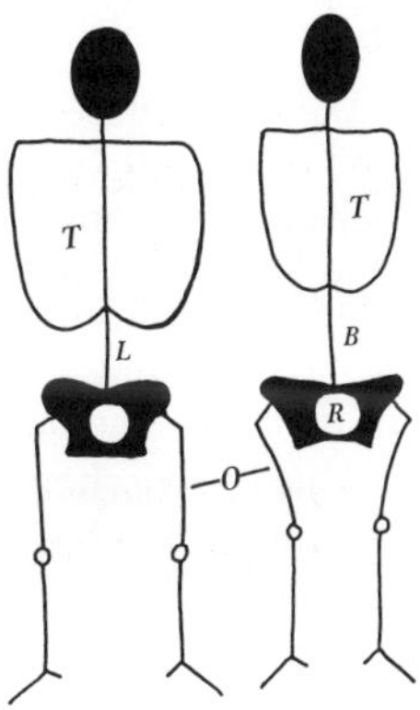


*Schematische Darstellung des männlichen (links) und des weiblichen Skeletts. T: Brustkorb, L: Lendenwirbelsäule (die bei der Frau durch den kürzeren Brustkorb und das flachere Becken länger ist), B: Bauchfenster zwischen untersten Rippen und Becken, R: Knochenring des „Kleinen Beckens", den das Kind bei der Geburt passieren muß, O: Oberschenkel (Femur), bei Frauen wegen des breiteren Beckens stärker nach innen gebogen.*

Eine weitere Folge dieses großen Bauchfensters ist, daß die weibliche Lendenwirbelsäule länger ist als die männliche und infolgedessen natürlich auch beweglicher. Schon Jungen sind daher niemals in gleichem Maße wie Mädchen für sportliche Übungen, speziell gymnastische geeignet, bei denen es auf besonders grazile Bewegungsabläufe ankommt. Typische Mädchen-Sportübungen, die mehr an gaziösen Tanz erinnern, haben hierin ihre Ursache. Sie werden keineswegs, wie Feministinnen behaupten, den Mädchen nur „aufgezwungen“, weil sie mit ihren angeblich „stereotypen“, sich ständig wiederholenden Bewegungsabläufen auf die „Stereotypie“ des späteren Hausfrauendaseins vorbereiten sollen!

Die größere Breite des weiblichen Beckens hätte nun weiterauseinanderstehende Kniegelenke zur Folge und damit natürlich einen schwerfälligeren, ja plumpen Gang, wären nicht zum Ausgleich dafür die Oberschenkelknochen stärker einwärts gebogen als bei Männern. Dadurch kommen die Knie sozusagen wieder zusammen. Doch ist die Oberschenkelkrümmung Ursache des typisch weiblichen, gern als „kokett“ gedeuteten Gesäßwackelns beim raschen Laufen. Es ist sehr auffallend, daß Lauf-Sportlerinnen in der Regel eine eher männliche Körperkonstitution mit schmalen Hüften und relativ langen Beinen aufweisen.

Alle diese immerhin recht auffallenden, biologisch wichtigen und folgenreichen Unterschiede zwischen der typisch weiblichen und der typisch männlichen Konstitution haben sich in vielen Jahrtausenden herausgebildet. Man kann sie vereinfachend symbolhaft darstellen: als das auf seiner Spitze (den schmalen Hüften) stehende männliche Dreieck (oben die breiten Schultern) und die weibliche „Baßgeige“: schmale Schultern, enge Taille, breite Hüften. Diese Unterschiede sind erblich fixiert und keineswegs das Ergebnis irgendwelcher gegenwärtig einwirkender äußerer, gesellschafts- oder erziehungsverursachter Bedingungen. Sie stellen somit alles andere dar als Merkmale von „Rollen“, die sich nach Belieben austauschen lassen – schon gar nicht durch einen kurzfristig anberaumten Wandel im „gesellschaftlichen Bewußtsein“, der sich innerhalb einer oder wenigen Generationen vollzogen hat!

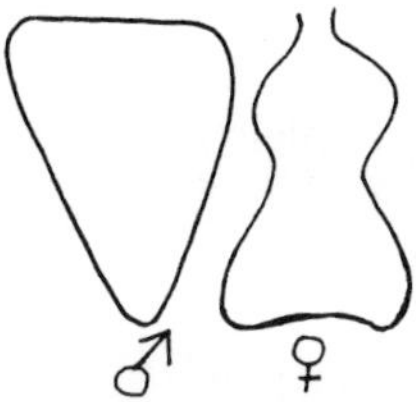

*Männliches Dreieck und weibliche Baßgeige – die symbolisierten Körperumrisse der Geschlechter. Darunter die biol. Symbole für männlich und weiblich.*

## 11. Sammlerin Frau – Jäger Mann

Wie die körperlichen Merkmale wurden auch geschlechtsspezifische Verhaltensweisen unserer Vorfahren während der langen Jäger-Zeit geprägt und wirken sich ebenfalls bis in die Gegenwart aus. Die Jagdleidenschaft steckt auch heute noch – bewußt oder meist unbewußt – in jedem Mann, nur das „Wild“ ist in der Regel ein anderes geworden.

Es ist sehr auffallend, daß die meisten Raser, Drängler und rücksichtslosen Überholer auf unseren Straßen und Autobahnen männlichen Geschlechts sind! Der alte Jäger kann es nun einmal schwer ertragen, daß ein anderer aus der „Horde“ schneller ist als er. Unbewußt wird ihm das voranfahrende Auto, zumal wenn es ihn gerade erst überholt hat, zum „Wild“. Mit aufheulendem Motor jagt er hinterher. Das dröhnende Motorengeräusch tritt an die Stelle des vorgeschichtlichen Jägergeschreies durch das die Beute erschreckt und in Panik versetzt zur aufgestellten Falle hingehetzt wurde. Besonders stark ist die Jägerreaktion, wenn das andere Auto kleiner und in seiner Motorleistung schwächer ist als das eigene. Erst wenn das so gehetzte „Wild“ überholt und damit unter Beweis gestellt wurde, daß er selbst der Überlegene ist, gibt sich der „Jagende“ zufrieden.

In der Tat sind alle unsere beliebten Spiele ausgesprochene Jägerspiele – vom Schwarzen Peter bis zum respektablen Skat, vom Mensch-ärgere-dich-nicht bis zum vornehmen Schach. Stets kommt es ja darauf an, genau wie der alte Steinzeitjäger schneller zu sein als der andere, ihn zu übervorteilen und zu überlisten, rascher ans Ziel, die „Jagdbeute“ zu gelangen, sie sich anzueignen, indem sie aus dem Spiel entfernt oder gar „eingeheimst“wird wie beim „Mensch-ärgere-dich-nicht“.

Auch bei sportlichen Wettkämpfen werden die uralten Jägertugenden gefordert. Paradebeispiel für die eiszeitliche Gruppenjagd ist das beliebte Fußballspiel, dessen unschlagbare Faszination just darin gründet. Die elf Spieler einer „Jägerhorde“ wetteifern mit der anderen Elf um das gehetzte Wild, den Ball, der unbarmherzig „gejagt“ wird, und zwar genau auf die bereitgestellte „Falle“, das Tor zu. Dabei kommt es allerdings in ganz besonders auffälliger Art und Weise darauf an, rascher „am Ball“, dem Wild also zu sein als die Konkurrenten, diese nach Möglichkeit zu überlisten und auszutricksen – mitunter sogar mit recht brutalen Mitteln. Am Ende hat jene Horde gesiegt, die sich als die überlegenere und tüchtigere erwiesen hat, die bessere „Tor-Jäger“ besitzt und das meiste „Wild“ in die „Falle“ gejagt, also Tore „geschossen“ hat.

Nebenbei: welcher Mann, und sei er auch in durchaus standesgemäßer Kleidung auf dem Weg zu einer wichtigen Konferenz, einem Vorstellungsgespräch oder dergleichen , dem unversehens ein Ball spielender Kinder vor die Füße rollt, könnte der drängenden Versuchung lange widerstehen, ihn zurückzukicken? Sein uralter Jägerinstinkt verführt ihn wider alle Bedenken und Vorurteile, das „Wild" vor sich herzutreiben! An die Stelle des eiszeitlichen Riesenhirschen, des flüchtigen Ren oder dahertrottenden Höhlenbären ist der geduldige, harmlose Ball getreten. Übrigens: auch beim vornehmen Golfspiel kommt es auf alle genannten Jägertugenden an – und auch hier muß das „Wild", der kleine, harte Ball, in die „Falle" gebracht werden: das Loch, das nicht verfehlt werden darf.

Selbst die Fans und Zuschauer auf den Stadionrängen werden nur allzu oft von ihren ererbten Jägerinstinkten, gegen alle guten Vorsätze, regelrecht überwältigt. Dann beginnen sie zu toben und zu schreien, werfen ihre leeren Coladosen und Bierflaschen auf das Spielfeld hinab, schwenken wild ihre bunten Vereinsfahnen hin und her und schleudern vor grenzenloser Begeisterung sogar funkensprühende Feuerwerkskörper auf den Rasen. Überraschenderweise entspricht dies alles bis in die letzten Einzelheiten dem Verhalten jener Jagdhelfer, die vor ca. 20000 Jahren wie z.B. auf dem berühmten Solutrée-Felsen bei Macon, ganze Wildpferdeherden durch ihr ohrenbetäubendes Geschrei, das Werfen von Steinen, Schleudern brennender Kienfackeln und drohendes Schwenken von Tierfellen genau nach jener Richtung trieben, wo ihre Jagdgenossen mit wurfbereitem Speer lauerten.

Die Frauen der Eiszeitjäger konnten aus bereits erwähnten Gründen nicht an den Jagdzügen teilnehmen. Wegen der Betreuung der Kinder und dem Erhalten des Feuers an den Abri und seine unmittelbare Umgebung gebunden, leisteten sie ihren wichtigen Beitrag zur Ernährung der Großfamilie nicht nur mit der Zubereitung der Fleischnahrung. Was sie an Wildfrüchten, Pilzen, Nüssen, eßbaren Wurzeln und Wildgemüse sammelten, war für den Lebensunterhalt von wesentlich größerer Bedeutung, als man bislang vermutete.

Verständlich, daß sich bei ihnen vordringlich ganz andere „Leidenschaften" als bei den Männern herausbildeten. Die Eiszeitfrauen wurden zu professionellen Sammlerinnen – und das sind die Frauen im Grunde auch bis heute geblieben. Nicht nur das „hausfrauliche" Vorsorgen für zukünftige Bedürfnisse liegt ihnen sozusagen im Blut, wie das Horten und Konservieren von allerlei Lebensmitteln – einst durch das mühsame „Einmachen", heute vornehmlich durch das Füllen der Gefriertruhe mit allerlei Vorräten. Nein, der bisweilen unwiderstehliche Sammeltrieb verführt so manche von ihnen auch hin und wider, Dinge „einzuheimsen", die sie gar nicht benötigen – nur weil sie eben plötzlich zugriffbereit vor ihnen stehen oder liegen wie einstmals die Pilze oder Beeren auf der Waldlichtung: jetzt allerdings in den wohlgefüllten Regalen unserer Supermärkte!

Wie Statistiken glaubwürdig belegen, werden weit mehr Frauen bei Ladendiebstählen erwischt als Männer – prozentual, versteht sich, und nicht etwa deshalb, weil nun einmal das Einkaufen üblicherweise mehr Frauen- als Männersache ist. Daß es sich übrigens auch hierbei nicht um „anerzogene“ Verhaltensweisen handelt, das beweist gerade im Fall der Ladendiebstähle die Tatsache, daß die meisten während der sog. prämenstruellen Phase, also kurz vor dem Eintreten der Monatsregel begangen werden. Es besteht demnach ein unbestreitbarer, deutlicher Zusammenhang mit dem Ansteigen des weiblichen Hormonspiegels im Blut der „Sammlerinnen“!

Ganz nebenbei soll noch eine „Untugend“ beider Geschlechter Erwähnung finden, die während den kargen Lebensbedingungen in der Eiszeit durchaus eine lebenswichtige „Tugend“ war. Reinhard May hat sie in seiner „Schlacht am kalten Buffett“ glänzend karikiert. Da werden alle guten Vorsätze, sich nicht mit allzuvielen unnötigen Kalorien zu belasten, um nicht dick zu werden, in den Wind geschlagen angesichts all der so verführerisch dargebotenen Speisen! Jeder greift zu, wo er kann, und schlingt in sich hinein, soviel er nur zu ergattern vermag.

Auch hier siegt der uralte Eiszeitmensch-Instinkt gegen alle Vernunftgründe. War es doch damals, nachdem wieder einmal reichlich Beute gemacht war, ratsam und für das Überleben wichtig, diese spontane Überfülle an Nahrungsangebot zu nutzen und so viel auf Vorrat zu essen, wie nur irgend möglich. Niemand wußte, ob und wann der nächste Jagdzug ebenso erfolgreich sein würde oder ob nicht lange Wochen des Fastens bevorstanden!

## 12. Frauen, das „starke Geschlecht“

„Wenn Männer die Kinder gebären müßten, wäre die Menschheit längst schon ausgestorben!“ So seufzte eine Mutter von vier Kindern und wußte auch sogleich einen plausiblen Grund für diese wenig schmeichelhafte Behauptung: „Die würden das nie und nimmer aushalten!" In der Tat: Männer sind empfindlicher als Frauen, ihre Schmerzschwelle liegt ganz offensichtlich niedriger. Was Frauen allenfalls als ein kleines Wehwehchen empfinden, das verspüren sie oft schon als richtigen Schmerz.

Dieser auffallende Geschlechterunterschied ist ebenso ein Erbe unserer Jägervergangenheit. Den Männern, die beim Verfolgen ihres Wildes weite Strecken zurücklegen mußten und daher oft auch für längere Zeit mit ihren Jagdgenossen weit entfernt vom heimatlichen Abri und seiner Geborgenheit weilten, konnte bereits eine geringfügige Verletzung lebensgefährlich werden. Ein eingetretener Dorn, eine winzige, aber verschmutzte Abschürfung oder Schnittwunde, verursacht durch hartes Gras oder scharfkantige Steine, entzündeten sich, wenn sie unbemerkt und folgedessen unbehandelt blieben. Schlimmstenfalls konnte daraus eine Blutvergiftung entstehen. Aber allein schon das Nicht-mehr-mithalten-können, das hinter der Horde Zurückbleiben, war ja damals lebensbedrohend. Allein und ohne wärmendes Feuer in der kalten Eiszeitnacht, allerlei gefährlichen Raubtieren wehrlos ausgeliefert, hätte der Verletzte kaum überlebt.

So war es denn außerordentlich wichtig, daß dem Cro Magnon-Jäger selbst eine Verletzung, die „zuhause" als Bagatelle gar nicht weiter beachtet wurde, sofort auffiel: eben dadurch, daß sie schmerzt! Sein feineres Schmerzempfinden war ein beachtlicher Überlebensvorteil, der heutzutage allerdings nur noch ein Nachteil ist, den bislang noch keine einzige Feministin im Namen einer utopischen Gleichberechtigung einforderte. Übrigens zeigt gerade auch dieser kleine Unterschied zwischen Männern und Frauen, wie wenig durch Erziehung, angeblich die alleinige Ursache aller Geschlechterunterschiede – mit Ausnahme der Geschlechtsorgane selbst, tatsächlich geändert und erzwungen werden kann.

Es hat an der typisch männlichen Überempfindlichkeit aber auch nicht das Geringste zu ändern vermocht, daß schon seit unendlich vielen Generationen bereits die kleinen Jungen dazu aufgefordert wurden – und zwar recht rigoros! – ihre Schmerzen zu ignorieren und standhaft zu ertragen: „Ein Junge weint doch nicht! Ein Junge muß tapfer sein und sich nie anmerken lassen, daß er leidet!" Derartige, aller „Gleichberechtigung" spottende Repressalien konnten selbst nach Jahrhunderten nichts daran ändern, daß noch bei manchem erwachsenen Mann ein minimales, aber blutendes Schnittchen beim Rasieren eine kleine Panik auslösen kann.

Daß in Wirklichkeit Männer das schwächere Geschlecht sind, zeigt sich auch in der geringeren durchschnittlichen Lebenserwartung. Frauen werden demnach sieben Jahre älter. Daß irgendwelche Erziehungsmaßnahmen oder Umwelteinflüsse dafür nicht verantwortlich zu machen sind, sondern die Ursachen tatsächlich im Geschlecht gesucht werden müssen, beweist die schon bei neugeborenen Knaben höhere Sterblichkeitsquote. Ausgeglichen wird dieser Mangel allein dadurch, daß auf einhundert Mädchengeburten sozusagen „vorsorglich" einhundertsechs Knabengeburten kommen. Bis zur Pubertät hat sich dann das Verhältnis normalisiert.

Zweifellos gibt es aber nun auch Frauen, die „empfindlicher" sind als Männer – und Männer, die eifrige Sammler sind und auch beim Warenhausdiebstahl ertappt werden, weil sie sich nicht nur auf Briefmarken, Kronenkorken etc. beschränken. Wir dürfen bei alledem ja nicht vergessen, daß schließlich jede Frau genau die Hälfte ihrer Erbsubstanz von einem Mann, ihrem Vater, und jeder Mann die Hälfte der seinigen von einer Frau, seiner Mutter, erhielt. Die genannten Unterschiede sind statistischer Art: sie lassen durchaus die Ausnahme zu. Keinesfalls ist also eine Frau mit schmäleren Hüften oder langen Beinen anormal, bzw. ein „vermännlichter" Typ – so wenig wie ein Mann, der keine ausgesprochene Baßstimme oder schmale Schultern hat, kein „richtiger" Mann wäre!

## 13. Männer – die tüchtigeren „Pfadfinder"

Frauen und Männer unterscheiden sich in der Regel auch durch ihr Orientierungsvermögen. Das verwundert nicht, wenn man bedenkt, daß ihre so unterschiedlichen Aufgaben und Aufenthaltsbereiche während der Eiszeit auch in dieser Hinsicht völlig andere Anforderungen an sie stellten. Die Männer mußten sich auf ihren langen Jagdzügen, die sie oft in unbekannte Gegenden weit vom heimatlichen Abri entfernt führten, jederzeit im klaren darüber sein, in welcher Richtung sie diesen Familienunterschlupf am Ende des Jagdzuges zu suchen hatten. Verständlich also, daß sie sich weniger an markanten Gebüschgruppen, Felsformationen und dergleichen orientierten, die sie doch recht bald wieder aus ihrem Blickfeld verloren, wenn sie ihrem Wild nachjagten. Da bedurfte es anderer, selbst aus größerer Entfernung noch gut erkennbarer Orientierungspunkte: etwa ferner Berggipfel oder – wichtiger noch und vor allem zuverlässiger – bei Dunkelheit Mond und auffallende Sterne, bzw. ganze Sternbilder, und bei Tage die

Sonne unter Berücksichtigung ihrer scheinbaren Wanderung über das Firmament.

Selbst heute ist es innerhalb der Familie meist noch der Vater, der vor einer größeren Reise mit dem Auto die geeignetste Fahrtroute bestimmt und die Zielorte festlegt. Frauen hingegen orientieren sich überwiegend nach nähergelegenen Landmarken, etwa auffälligen Bäumen, besonderen Gebäuden, Gartentoren, Telefonhäuschen usw., die auf ihrer Route liegen und finden an ihnen, jetzt nur in umgekehrter Reihenfolge, wieder den kürzesten Weg zum Ausgangspunkt zurück.

Die Erklärung für diese so ganz andersgeartete Orientierung liegt auf der Hand. Wie schon gesagt, entfernten sich die Eiszeitfrauen aus begreiflichen Gründen niemals weit vom Familien-Abri, wenn sie sammeln gingen. Einmal durften sie ja ihre Kinder, soweit sie noch nicht mitlaufen konnten, nicht längere Zeit sich selbst überlassen, zum anderen lauerten, wo sie nicht mehr durch das Feuer und menschliche Stimmen ferngehalten wurden, allerlei gefährliche Tiere. In diesem engen Umkreis genügte das ausgesprochene Nahorientierungsvermögen. Die Frauen wußten besser als ihre Fernjäger-Männer, wo eine Stelle mit eßbaren Pilzen, ein Strauch mit reifen Nüssen, ein Buschwerk mit süßen Beeren usw. wiederzufinden war. Sie merkten sich die Stellen genau an ihrer besonderen Lage zu bestimmten Buschgruppen, Felsenformationen, Uferböschungen, auffallenden Bäumen, etc. Und sie registrierten scharfäugig auch die geringsten Veränderungen vor Ort, wenn sie später wieder an die gleiche Stelle zurückkehrten! Sie konnte unter Umstanden ja die Anwesenheit eines Raubtieres verraten!

Tatsächlich bemerken auch heute noch Frauen rascher als Männer, ob sich beispielsweise in einem Zimmer während ihrer Abwesenheit irgend etwas verändert hat. Es fällt ihnen sofort auf, wenn irgend ein Gegenstand, und sei er auch noch so unbedeutend wie etwa ein Bleistift auf dem Schreibtisch, nicht mehr an „seinem" Platz liegt. Frauen wären also für alle Aufgaben, die in der Kriminalistik mit der Tatortsicherung zu tun haben, die besseren Kommissare. Natürlich aber gilt auch hier: auch Männer können gute Spurenleser und – wie Sherlock Holmes oder Derrick, Detektive sein – so wie es selbstverständlich auch Frauen gibt, die in dieser Hinsicht ohne besonderes Talent sind.

## 14. Der verläßliche Jagdgenosse

Johann Wolfgang v. Goethe schrieb in seinem Roman Wilhelm Meister: „Alle Gesetze sind von Alten und Männern gemacht. Junge und Weiber wollen die Ausnahme, Alte die Regel". Zweifellos war diese Feststellung des Dichters ein Ergebnis seiner reichen Lebenserfahrung. Eine Erklärung freilich vermochte er zu seiner Zeit dafür nicht zu geben. Beruht doch auch dieser im Geschlecht eines Menschen tief verwurzelte Unterschied auf Wertvorstellungen, die sich während der Jägervergangenheit geradezu zwangsläufig, weil lebenswichtig entwickelten. Die Jägerhorde mußte auf Gedeih und Verderb zusammenhalten, einer sich auf den anderen absolut verlassen können, wollte er in dieser unwirtlichen Umwelt voller Gefahren überleben. Das war allerdings nur möglich, wenn jeder alle anderen kannte, die Horde also eine bestimmte Größe nicht überschritt.

Auch das wirkt bis in die Gegenwart noch nach. Kein Kegelverein, kein Skatklub etc. nimmt unbegrenzt Mitglieder auf. Die Höchstgrenze liegt dort, wo die „Überschaubarkeit“ aufhört, also der Einzelne nicht mehr in der Lage ist, alle anderen persönlich und mit Namen zu kennen (schätzungsweise zwischen 30-50 Personen). Abmachungen zwischen den Hordengenossen waren ohne wenn und aber einzuhalten, jede Verunsicherung, jeder Zweifel an der Aufrichtigkeit und Ehrlichkeit des Anderen hätte ja die schlimmsten Folgen nach sich ziehen können. „Ein Mann – ein Wort!“ – das galt zu keiner Zeit so unverbrüchlich und lebenserhaltend wie damals und kommt noch heute fast einem Schwur gleich

Der Psychotherapeut E. Schaetzing hat zusammenfassend beurteilt, wie sich dieses Vertrauen in ein Männerwort bis in unsere Gegenwart auswirkt. Die Wertwelt des Mannes, so führt er aus, sei „planvolle Ordnung, Sicherung durch Verträge, feste Abmachungen“. Der Mann, so versichert Schaetzing, glaubt an Eide und ist Vertragsbrüchen gegenüber besonders empfindlich: „Seine Welt bricht zusammem, wenn er sich nicht mehr darauf verlassen kann, was gestern beteuert worden ist.“ Tatsächlich weist die Statistik nach, daß sich weit mehr junge Männer aus enttäuschter Liebe umbringen als junge Frauen – ihre „Welt“ bricht wirklich rascher zusammen, wenn das ihnen gegebene Wort gebrochen wird!

Von der Frauen meint Schaetzing, der ja nicht nur ein in jahrzehntelanger Praxis erfahrener Psychiater, sondern auch Gynäkologe ist, sie seien keine solche „Entweder-oder-Wesen“ wie die Männer. Es entspräche nun einmal nicht ihrer Natur, sich festzulegen, weshalb sie Entscheidungen nach Möglichkeit ausweichen indem sie „instinktiv“ Zeit zu gewinnen suchten. „Das geschickte Ausweichen gehört zu den natürlichen und notwendigen Waffen des ‚schwachen Geschlechts‘, solange der Mann die Welt ordnet.“ Unter dem schützenden Abri mit ihresgleichen und den Kindern zusammen am wärmenden, lichtspendenden Feuer, beschäftigt mit dem Zubereiten der Nahrung und Anfertigen von Fellbekleidung, hatten sie reichlich, was den Jägern fehlte: Muße! Sie konnten ohne schwere Folgen Entscheidungen hinauszögern, während es für die Jäger tödliche Folgen haben konnte, wenn sie nicht rasch ihre Entscheidungen trafen.

Daß heute schon die kleinen Mädchen auffallend redegewandter sind als gleichaltrige Jungen, wird auch damit in Verbindung gebracht, daß die Mädchen den Gesprächen der Mütter zuhörten und sich aktiv daran beteiligten, während die Jungen so früh wie irgend möglich an den Jagdzügen teilnahmen. Dort allerdings war Schweigen eines der obersten Gebote, um einerseits das scheue Wild nicht zu vertreiben, andererseits um gefährliche Tiere nicht auf die Jäger in ihren Verstecken aufmerksam zu machen.

## 15. Bis daß der Tod euch scheidet

In der Bundesrepublik wird zur Zeit jede dritte Ehe, meist bereits nach wenigen Jahren, wieder geschieden. Jährlich verlieren dadurch mehr als einhunderttausend Kinder ihr geordnetes Elternhaus. Bei 70 % all dieser Scheidungen ist die Untreue des Partners die Ursache. Was in früheren Zeiten einmal als Makel galt und schamhaft verschwiegen wurde, ist heute schon fast zur Selbstverständlichkeit geworden, derart alltäglich, daß man niemanden mehr deswegen tadelt oder gar verachtet. Bei so manchem Fernsehspiel könnte man fast den Eindruck haben, daß „Geschieden-Sein“ heute schon eine Art Statussymbol bedeutet wie früher einmal der Besitz eines Autos!

Der Mensch, in erster Linie der männliche, ist eben „polygam“ veranlagt. Mit dieser Doktrin sucht man Untreue und Wortbrüchigkeit leichthin zu rechtfertigen. Wen wundert es also, wenn heutzutage viele erst gar nicht mehr heiraten, sondern stattdessen ein lockeres, unverbindliches, jederzeit bequem aufzulösendes „Verhältnis“ vorziehen – das Zusammenleben ohne Trauschein als sogenannte „Lebensgefährten“. Treffender allerdings ist die Bezeichnung „Lebensphasenbegleiterin“ und „Lebensphasenbegleiter“, denn diese „Leben“ der Gefährten währen in der Regel nicht allzulange. Panmixie, denn letzten Endes ist ein solches gesetzloses, zu nichts verpflichtendes befristete Zusammenleben mit relativ häufig wechselnden Partner/innen nichts anderes, das sei eben das Richtige, weil „der Natur“ gemäß.

War dies nicht auch die Überzeugung von Karl Marx, der plante, in seinem kommunistischen „Paradies der Arbeiter und Bauern“ die als bürgerlich abgewertete Ehe „theoretisch und praktisch zu vernichten“ und zukünftig die Kinder nicht in Familien, sondern gemeinsam kommunistisch zu erziehen? Als die Bolschewisten 1917 in Rußland an die Macht kamen, versuchte Lenin, diese Lehre seines Meisters Marx in die Tat umzusetzen.

Schon recht bald aber sollte sich herausstellen, daß sich in einem dadurch ausgelösten Panmixie-Tohuwabohu keinerlei staatliche Ordnung mehr aufrechterhalten ließ.

Lenin selbst vollzog die abrupte und vollkommene Kehrtwendung und verfügte eiligst, daß die neuen Freiheiten radikal rückgängig gemacht wurden. Danach waren die Ehegesetze in der UDSSR weltweit die strengsten! Nirgends sonst war es so schwierig, eine Scheidung durchzusetzen, wie im Reich der roten Diktatur. Damit war, unfreiwillig zwar, aber gerade deshalb umso überzeugender, tatsächlich „experimentell" nachgewiesen, daß die Panmixie der menschlichen Natur ganz offensichtlich keineswegs gemäß ist – ganz im Gegenteil!

Den zutiefst menschlichen Wunsch, für immer mit dem auserwählten Partner verbunden zu sein, kommt ja in allen Liebesgedichten nur allzu unmißverständlich zum Ausdruck. „Du bist beschlossen in meinem Herzen – verloren ist das Schlüsselein", so sang schon Walther von der Vogelweide im dreizehnten Jahrhundert. Was der mittelalterliche Minnesänger damit zum Ausdruck bringen wollte, lautet im Stil moderner Schlagerdichter: „Wir wollen niemals auseinandergehn – wir wollen immer zueinander stehn". Nicht irgendwelche Willkür-Ideologien, ob nun marxistische oder modernere, sondern allein die biologisch-anthropologische Forschung kann legitimerweise und mit dem Anspruch wissenschaftlicher Akribie etwas darüber aussagen, was für den Menschen „natürlich", eben seiner Natur gemäß ist.

Im gesamten Tierreich verhält es sich damit nicht anders. Es gibt im Einzelfall auf die Frage, welches Verhalten für die jeweilige Art „natürlich" ist, eine biologisch zu begründende Antwort. So hat die Panmixie, der Partnerwechsel zu jeder Brutperiode, wie wir ihn bei vielen Vogelarten beobachten (und durch die sorgfältige Beringung nachweisen können), durchaus eine biologische, eine arterhaltende und deren Vitalität fördernde Funktion. Werden dadurch doch die Chance, daß sich die Erbmerkmale immer wieder neu und anders kombinieren und damit vielfältigere „Phänotypen" als Anpassungsformen an neue Umwelt- und Lebensbedingungen entstehen, ganz erheblich gesteigert.

Dessen ungeachtet aber gibt es auch zahlreiche Vogelarten – um hier einmal gezielt nur auf diese Wirbeltierklasse einzugehen – die sich in der Regel nur einmal in ihrem Leben für einen bestimmten Partner entscheiden, mit dem sie dann für immer treu verbunden bleiben. Es handelt sich dabei vor allem um Vögel des hohen Nordens, denen die kurzen Sommer ihrer Breiten gar nicht die Zeit gewähren für die übliche langewährende Balz, die ansonsten jeder Paarbildung vorausgeht. Immerhin muß ihre Brut im schon früh einsetzenden Herbst so weit entwickelt sein, daß die Jungvögel die weite Reise in Länder des warmen Südens schadlos überstehen und durchhalten. Auch die „lebenslange Einehe" hat also ihre arterhaltende biologische Funktion und Bedeutung, ihren „Sinn", selbst im Tierreich!

## Das Menschenkind braucht „Nestwärme"

Diese biologische Funktion, der „Sinn" der Einehe in lebenslanger Bindung, ist nun in der Tat nirgends in der Welt der Lebewesen so klar erkennbar wie gerade beim Menschen. Adolf Portmann, der große Schweizer Biologe und Anthropologe, nannte den Menschen eine „physiologische Frühgeburt". Das bedeutet: er ist das einzige Lebewesen, das natürlicherweise – und nichts anderes bedeutet hier „physiologisch“ – zu früh auf die Welt kommt. Wenn man den hilflosen Entwicklungszustand eines neugeborenen Menschenkindes mit dem eines gerade zur Welt gekommenen Rehkitz, Kälbchen oder Fohlen vergleicht, die allesamt kurz danach schon auf ihren Beinen stehen und ihrer Mutter selbständig folgen können, so hat es den Anschein, daß dieses Menschenbaby etwa ein volles Jahr zu früh das Licht der Welt erblickt hat. Ist es doch erst nach ca. zwölf Monaten endlich so weit herangereift, wie jedes der genannten „Nestflüchterjungen“ bereits bei seiner Geburt.

Die biologischen Funktionen sind leicht einzusehen. Unser Menschenhirn, dieses in der gesamten Schöpfung einmalige „Führungsorgan“ des Homo sapiens (Portmann) erreicht die dreifache Größe des Gehirnes eines großen Menschenaffen. So ordnet sich zwangsläufig schon die gesamte Embryonalentwicklung im Mutterleib der Ausbildung dieses großen Führungsorganes unter und steht ganz in seinem „Dienst“. Der Kopf des heranreifenden Kindes ist, verglichen mit dem Rumpf, schon von Anfang an verhältnismäßig groß: er prescht gewissermaßen in dieser Entwicklung voraus. Nach neun Monaten Schwangerschaft vermag er dank seiner Verformbarkeit (vgl. Kap. 8) durch die offenen Fontanellen und Schädelknochen-Nähte gerade noch, wenn auch oft unter Komplikationen, bei der Geburt den Knochenring des mütterlichen Kleinen Beckens zu passieren. Eine normale Geburt im „fertigen“ Entwicklungszustand des „Nestflüchters“, also erst nach vollen einundzwanzig Monaten (das entspräche der Tragzeit bei Elefanten) wäre ganz und gar ausgeschlossen!

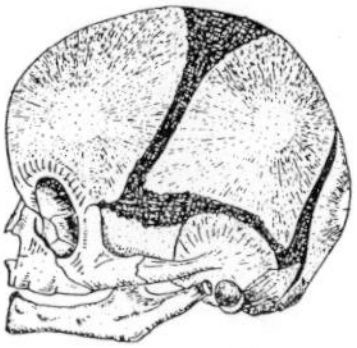

*Schädel des ungeborenen Kindes mit seinen gegeneinander verschiebbaren, weichen Knochen.*

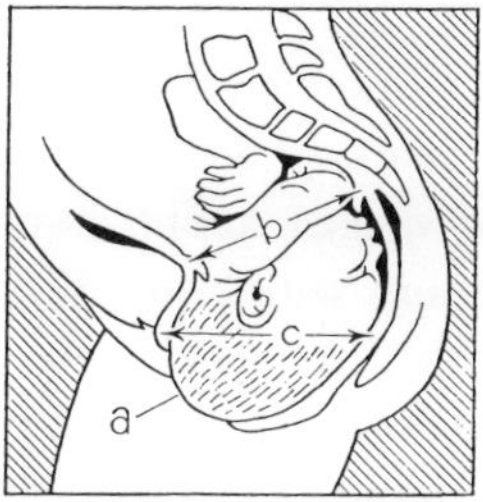


*Erscheinen des Kopfes in der Schamspalte (a) am Ende der „Austreibungsperiode", Muttermund (b) maximal gedehnt, Gebärmutter und Scheide (c) als „Durchtrittsschlauch" auseinandergezogen.*

Dennoch kommt das Menschenbaby „wach" mit offenen Augen zur Welt, nicht wie die sogenannten „Nesthocker" unter den primitiveren Säugetieren – wie etwa Maulwurf, Igel und Mäuse , die ihre Augen erst nach vielen Tagen öffnen. Dadurch kann schon der neugeborene Mensch Anteil nehmen an seiner Umwelt und wir wissen heute, wie außerordentlich wichtig diese frühen Sinneserfahrungen für die Entwicklung des Gehirns und seine spätere Leistungsfähigkeit sind. Das instinktarme Menschenkind muß ja, im Gegensatz zu den von ihren ererbten, angeborenen Instinkten unbewußt sicher geleiteten Tieren, alles mühsam erlernen, was es zu seiner Lebensführung in unserer Gesellschaft benötigt – selbst die Sprache! Diesem typisch menschlichen Bedürfnis entspricht denn auch jene so auffallende Wachstumsverzögerung in seiner Jugend, wenn man seine Entwicklungskurve einmal mit der unserer nah „verwandten“ Menschenaffen vergleicht. Bei keinem anderen Lebewesen ist die Zeitspanne bis zum Eintritt der Geschlechtsreife auch nur annähernd so lang wie beim Menschen. Er allein benötigt diesen Spielraum, diese ausgedehnte, relativ unbelastete, ruhige Periode des raschen Erlernens, um in das Kulturerbe hineinzureifen – in jene Kultur, die ja seine „eigentliche Natur“ ist (A. Gehlen, I. Eibl-Eibesfeldt).

So ist die gesamte Entwicklung des Menschen vom Augenblick der Empfängnis an hingeordnet auf ein „Dasein mit Kultur“, wie es allein der Mensch kennt – und braucht! Ihm dient ja die Entfaltung seines spezifisch menschlichen „Führungsorganes“ Gehirn. Wegen diesem langsamen Hineinreifen in die menschliche Kulturwelt ist unter allen Lebewesen das Menschenkind am längsten auf die Hilfe seiner Eltern angewiesen. Es braucht diese soziale Umwelt einer Familie, eine bestimmte „Nestwärme“, um sich später als Erwachsener in die Gesellschaft richtig einordnen, seinen Mitmenschen ein echter Partner sein zu können.

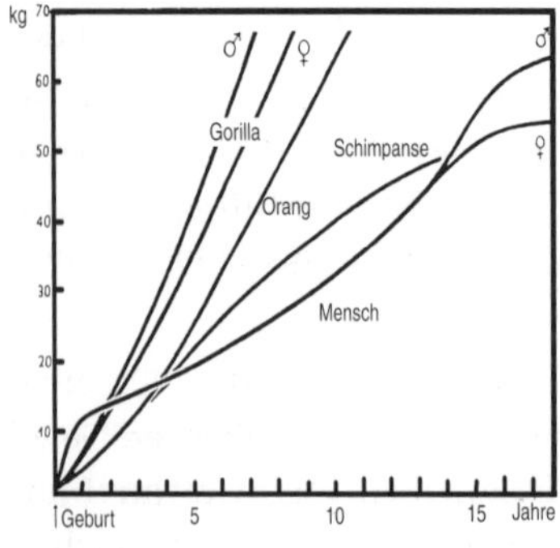


*Nachgeburtliche Entwicklung von Menschenaffen und Menschenkind im Vergleich. Die senkrechte Achse gibt die Gewichtszunahme an, die waagrechte das Alter. Auffallend ist beim Menschen der flache Kurvenverlauf. Zusammen mit dem späteren Eintritt der Pubertät kennzeichnet er die Entwicklungsverlangsamung nach dem ersten Lebensjahr. (N. Portmann)*

Das „Naturwesen Säugling", meint J. Illies, ist „auf die greifbare Nähe und die natürliche Verfügbarkeit seiner Eltern angewiesen". Tatsächlich haben selbst erwachsene Menschen, die als Säuglinge jene unersetzliche enge Bindung an eine fürsorglich-liebevolle Mutter, die ihnen gleichermaßen Wärme, Geborgenheit, Schutz und Nahrung gewährte, nicht entwickeln konnten, deutliche Kontaktschwierigkeiten. Es fällt ihnen außerordentlich schwer, dauerhafte Bindungen zu anderen Menschen zu knüpfen. Es verwundert daher auch nicht, daß sich keineswegs selten ihre Sexualität in „wahlloser Promiskuität, in steuerlosem Schweifen „verliert".

Die Berufstätigkeit vieler Mütter begünstigt heutzutage mehr und mehr jenes „Abgeben" der Kleinen an andere, wechselnde Pflegepersonen, das Christa Meves einmal so treffend als „Postpaketdasein der Kleinkinder" charakterisierte. Sie wird nicht müde, immer aufs neue zu ermahnen, daß Kinder „den Schutzraum einer Familie mit Geschwistern und einem einander liebenden, verantwortungsbewußten Elternpaar" brauchen! Die bitteren Folgen des „Hospitalismus", die nicht selten lebenslang währenden Schwierigkeiten von Kindern, die in Heimen und nicht in einer natürlichen Familiengeborgengeit heranwachsen mußten, sind nur allzu bekannt. „Das Abweichen von den Gesetzen der natürlichen Brutpflege läßt oft lebenslängliche Verhaltensstörungen, sogenannte Neurosen entstehen (Chr. Meves).

Auch diese Schuld also „rächt sich auf Erden" (Goethe) – nur leider erst an den Unschuldigen der nächsten Generation! Fehlende Durchhaltefähigkeit, Passivität aus Mutlosigkeit, die eine verringerte Leistungsfähigkeit – auch in der Schule – zur Folge hat, Hast, Ungeduld, Gier und Neid und schließlich nur allzu oft die Flucht in Trunksucht und Drogenabhängigkeit können die Folgen dieser Verletzung einer „natürlichen Brutpflege“ sein. Nicht von ungefähr haben, wie die Weltorganisation feststellte, die als Depressionen bezeichneten seelischen Erkrankungen seit der „Emanzipationswelle“ um sage und schreibe 30% zugenommen! Liebes- und Zuwendungsentzug in früher Kindheit und die dadurch verursachte Liebesunfähigkeit dürfte einer der entscheidenden Gründe für das Scheitern so vieler Ehen in unserer Zeit sein.

Davon abgesehen braucht aber der junge Mensch für eine gesunde Reifung seiner eigenen Geschlechtlichkeit den andersgeschlechtlichen Elternteil ebenso wie das Vorbild des eigengeschlechtlichen (J. Illies). Das den biologischen Voraussetzungen einer gesunden Entwicklung zum erwachsenen Glied der menschlichen Gesellschaft entsprechende Milieu ist, daran besteht heute nicht der geringste Zweifel, die „Vater-Mutter-Familie“. Natürlich heißt das nicht, daß – aus welch tragischen Gründen auch immer – alleinerziehende Elternteile nicht auch in der Lage wären, ihre Kinder zu normalen, gesunden Erwachsenen heranzubilden. Aber daß dies weit mehr Mühe und Opfer fordert, als in einer intakten Ehe, das ist aus der Alltagserfahrung hinlänglich bekannt.

In keinem Fall jedoch entspricht eine jederzeit auswechselbare und oft wechselnde Partnerschaft der „Eltern“ ohne feste Dauerbindung den biologisch in der Natur des Menschen begründeten Voraussetzungen einer normalen, gesunden Reife. „Drum prüfe, wer sich ewig bindet, ob sich das Herz zum Herzen findet“, sagt Friedrich Schiller. Geschlechtsorgane und Hormone allein reichen zu einer Bindung, wie sie die „Menschwerdung", das Hineinreifen in die Kulturgesellschaft erfordert, nie und nimmer aus.

**„Die Leidenschaft flieht"**

Auch das war Schiller nur zu bekannt, und er ergänzte diese uralte Erfahrung durch den einzig möglichen und wirksamen Urgrund aller Dauerhaftigkeit in einer zwischenmenschlichen Bindung mit den mahnenden Worten: „... die Liebe muß bleiben!"

Die erste und entscheidende Ursache für das Scheitern so vieler Ehen in unserer Zeit ist nichts anderes als der Mangel an Liebe. Es rächt sich bitter, insbesondere an den daran doch völlig Unschuldigen, den Kindern dieser gescheiterten Ehen, die zu Scheidungswaisen bzw. Halbwaisen werden, daß man heute der Jugend ein gefährliches Trugbild von „Liebe" vorgaukelt.

Diese für unser Leben so entscheidende Liebe unter zwei Menschen, von der seit den Liedern der Minnesänger (und schon viel früher!) bis in unsere Gegenwart eine Welt der Dichtung lebt, wurde in einem ersten verhängnisvollen Schritt auf Sexualität eingeschränkt und in einem zweiten, zwangsläufig darauf folgenden, auf „Sex", also egoistische Triebbefriedigung. Eine zweifache Reduktion, die jene ihrem Wesen nach altruistische Liebe schließlich gar mit „Sex" identifiziert.

So ist es inzwischen nicht nur in der Regenbogenpresse gang und gäbe, wenn ein Paar „Sex" miteinander hatte, zu sagen „sie liebten sich". Diese doppelte Verstümmelung und Verarmung des Begriffes Liebe entspräche es in etwa, wenn man das Kunstwerk des David von Michelangelo in Florenz auf die Feststellung reduzierte, es handele sich „um nichts als Kalkstein“ und nach einer abermaligen Reduktion schließlich behauptete, dieses Kunstwerk sei „nichts als“ eine Verbindung von Kohlensäure und Kalzium, nämlich Kalziumkarbonat – wie jeder ungefüge Brocken Kalkstein auch!

Eine solche Reduktion von Liebe auf „Sex“ ist in der Tat unmenschlich, denn dem Wesen des Menschen, seiner Biologie oder „Natur“ gemäß ist, wie schon begründet, die lange, enge Bindung der Eltern. Eine lediglich auf Sexualität allein, geschweige denn auf vulgärem, egoistischem „Sex“ gründende Bindung ist ihrem Wesen nach allzu kurzlebig. Sie könnte niemals jene, für die Mensch-Werdung des Jugendlichen entscheidende biologische Funktion – von den anderen ganz zu schweigen! – erfüllen. Das vermag allein die nicht verstümmelte, die unreduzierte, echte Liebe, deren Kennzeichen der Apostel Paulus im 1. Brief an die Korinther (1 Kor 13, 4-8) nennt: „Die Liebe ist langmütig, die Liebe ist gütig. Sie ereifert nicht, sie prahlt nicht, sie bläht sich nicht auf. Sie handelt nicht ungehörig, sucht nicht ihren Vorteil … Sie erträgt alles, glaubt alles, hofft alles, hält allem stand. Die Liebe hört niemals auf.“

## 16. Frauen und Kinder zuerst Oder: Männer – das überflüssige Geschlecht?

Vor Jahren vertrat ein englischer Biologe auf einem Kongreß die Meinung, es gäbe allein in Großbritannien ca. 1 Million Tonnen „überflüssige männliche Biomasse“. (Unter Biomasse versteht man die Menge lebender Organismen in Gewichts- oder Volumenanteil innerhalb einer bestimmten Region). In der Tat würde die enorme Zahl der Samenzellen, die ein einziger Mann erzeugt, mehr als ausreichen, um die Bevölkerung Großbritanniens nicht nur zu erhalten, sondern auch weiterhin anwachsen zu lassen, gelänge es, jede einzelne Samenzelle mit einer weiblichen Eizelle verschmelzen zu lassen. Allerdings würde das nur rein rechnerisch stimmen, indem man ganz davon absieht, welche Bedeutung dem Mann als Familienvater für die Entwicklung der Kinder zukommt.

Ein Menschenkind braucht neben seiner Mutter ebenso auch den Vater – nicht einen wechselnden „Lebensgefährten" – als Bezugsperson, Vorbild, zur Identifikation und der Entwicklung des rechten Verhältnisses zum eigenen Geschlecht! Während der sogenannten ödipalen Stufe im Alter von etwa fünf Jahren erfährt es eine vorübergehende sexuell getönte Bindung an den gegengeschlechtlichen Elternteil. Das ist jenes Alter, in dem kleine Buben erklären, später einmal ihre Mutter heiraten zu wollen. Hier wird, wie Illies betont, „anscheinend das Bild der richtigen Frau für den Jungen, des richtigen Mannes für das Mädchen an Mutter und Vater vorgeprägt".

Biologisch beurteilt, also nur vom Gesichtspunkt der Arterhaltung und Artverbreitung aus betrachtet, kommt dem weiblichen Geschlecht auf jeden Fall die unersetzlichere Funktion zu. Es wurde ja schon erwähnt, daß die Frauen der Eiszeit eben deshalb besondere Hochachtung genossen, weil sie es waren, die Kinder zur Welt brachten und dadurch die Sippe erhielten und vergrößerten. Diese Erfahrung, im Verein mit der damals noch herrschenden Unkenntnis über die Rolle des Mannes als Vater, führte sogar bis zur göttlichen Verehrung der weiblichen Fruchtbarkeit in Gestalt der verschiedensten Fruchtbarkeits-Göttinnen. Diese ältesten Gottheiten waren eben keine männlichen Götter der Jagd, so wichtig diese auch für das Leben der Eiszeitmenschen war, sondern lebenspendende Muttergottheiten. Sie stellten sozusagen die „überhöhten Vorstellungen von der geglaubten Allmacht der Frauen über Leben und Tod“ dar (M. E. P. König).

Interessanterweise ist diese Vorrangstellung des weiblichen Geschlechts keineswegs nur das Ergebnis einer rein kulturellen Entwicklung, die folgerichtig zum alten Mutterrecht führte, sondern allem Anschein nach biologisch in unserer „Natur“ begründet. Man nimmt heute aus verschiedenen Gründen an, daß unsere Ahnenhorden ursprünglich in einer Sozialordnung zusammenlebten, die der heutigen Steppenpaviane glich. Ähnlich wie diese heute sind sie wohl durch die waldfreien Gebiete gezogen und haben sich auch entsprechend ernährt.

*Marschordnung der Steppenpaviane. Vorne und hinten marschieren starke, alte Männchen (kenntlich an der starken Schulterbehaarung). In der Mitte die weiblichen Tiere, zum Teil mit Jungen. Ganz an den Rand gedrängt: die jungen Männchen (oben und unten im Bild). (Nach Eibl-Eibesfeldt)*

Die Sozialordnung der Paviane ist dadurch gekennzeichnet, daß bei ihren Wanderzügen die Weibchen, insbesondere die Mütter mit ihren Kleinen, in der Mitte marschierten. Starke, erwachsene Männchen bildeten die Vor- und Nachhut, während die jungen Männchen an die Peripherie, die Flanken verdrängt wurden. Sie mußten wirklich „hinaus ins feindliche Leben“, denn sie waren die ersten, die angreifenden Feinden, etwa Leoparden, zum Opfer fielen. Es sollen bis zu 80 % sein, die heute auf diese Weise ums Leben kommen (Tiger, Fox), während die weiblichen Tiere im Zentrum der Gruppe wohlbehütet überleben. Selbst solch außergewöhnlich hohe Verluste sind tragbar, weil wenige geschlechtsreife Männchen, u. U. sogar ein einziger „Pascha“ für den gesamten erforderlichen Nachwuchs der Horde genügt. Es kann jedoch auf keines der Weibchen verzichtet werden, weil sonst nicht genügend Junge geboren würden!

Noch in unseren Tagen heißt es bei Katastrophen wie etwa Schiffsuntergängen: „Frauen und Kinder zuerst!“ Noch heute bieten wohlerzogene Männer jeden Alters einer Frau in der überfüllten Bahn, Straßenbahn oder im Bus, auch wenn sie jünger sein sollte, ihren Sitzplatz an, halten ihr die Tür auf, sind behilflich beim Tragen und Verstauen ihres Gepäcks usw. Wenn diese früher ganz selbstverständliche Courtoisie heute mehr und mehr „außer Mode kommt“, so ist das einer der „Fortschritte“, die undifferenzierte Forderungen nach „Selbstverwirklichung“ hervorbringen sollten. Mit dem Marxismus ist ja leider keineswegs jene unheilvolle Gleichmacherei verschwunden, die den Frauen in allen kommunistischen Diktaturen die „Freiheit der Schwerstarbeit“ bescherte, die vordem reiner Männer-Frondienst war. Diese Kehrseite einer vermeintlichen Gleichberechtigung wird allerdings tunlichst totgeschwiegen!

Frauen und Männer sind gleichwertig – nicht gleichartig. Wer das aus ideologischen Gründen gewaltsam ändern möchte, tut damit niemandem einen Gefallen – am wenigsten den Frauen selbst. Auch diese Schuld, so würde Goethe heute sagen, „rächt sich auf Erden".

Was der Apostel Paulus über die letztlich in der Mutterschaft gründenden besondere Würde der Frau sagte, die ihr freilich auch dann zueigen ist, wenn sie sich nicht zu Familie und Kindern, sondern zu einem anderen „Beruf" berufen fühlt, das hat ausgerechnet der ansonsten so bärbeißige Otto v. Bismarck einmal, dem Empfinden seiner Zeit gemäß, in die Worte gefaßt: „Eine Frau, die ihren Kinderwagen schiebt, darf zum Sieger von Sedan und zum Schöpfer des ‚Faust' sagen: Bitte, gehen Sie mir aus dem Weg!"

## 17. Geschlecht und Aggressivität

Schon im Altertum war bekannt, daß Kastration, die Entfernung der Keimdrüsen, aus dem wilden, gefährlichen Stier einen fügsam-geduldigen Ochsen und aus dem feurigen Hengst einen folgsam-zahmen Wallach macht. Ganz ohne Zweifel löst also das männliche Geschlechtshormon Testosteron eine erhöhte Aggressivität aus. Das bestätigt, sozusagen im Gegenversuch, auch die Erfahrung, daß sich die Aggressivität eines Tieres merklich steigert, wenn man ihm dieses Hormon einspritzt. So wäre denn die größere Aggressivität der männlichen Autofahrer wohl auch auf die Anwesenheit dieses Hormons im Blut zurückzuführen.

Die biologische Bedeutung dieser größeren Aggressivität beim männlichen Geschlecht erklärt sich wiederum aus den besonderen Anforderungen, denen sich unsere Ahnen während der Eiszeit zu stellen hatten. Mußten sie doch nicht allein ihre Sippe ebenso vor menschlichen Konkurrenten um den Abri und das Jagdrevier, wie gegen gefährliche Tiere „wie die Berserker" verteidigen. Auch und gerade die Jagd erforderte ja ständigen Streß, erhöhte Einsatzbereitschaft zu jeder Zeit und nicht selten auch brutal-kämpferisches Verhalten. Verständlich also, daß die „natürliche Auslese" die aggressiveren Männer begünstigte – und darunter haben wir noch heute zu leiden! Die Frauen mußten in der Geborgenheit ihres Abri mit seiner wärmenden, wilde Tiere fernhaltenden Feuerstelle untereinander keineswegs aggressiv sein – im Gegenteil.

Allerdings bringt diese geringere Veranlagung zu aggressiven Reaktionen auch gewisse Gefahren mit sich. Wo im Tierreich erhöhte Aggressivität zu beobachten ist, etwa bei Rivalenkämpfen zwischen starken Männchen um die Vorherrschaft im Rudel, da wurden auch natürliche Hemmungsmechanismen entwickelt. Wenn beispielsweise zwei Wolfrüden miteinander kämpfen und der eine merkt, daß ihm sein Rivale überlegen ist, stoppt er dessen Aggressivität erfolgreich durch ein unverkennbares sog. „Demutsverhalten". Man könnte auch sagen: er ergibt sich, und der andere, überlegene Wolf nützt diese Unterwerfung nicht etwa aus, um ihm den tödlichen Biß in die Halsschlagader zu versetzen, sondern läßt sofort von ihm ab. Wäre dem nicht so bei allen Tieren, die einander durch ihre natürliche „Bewaffnung" (Zähne, Hörner, Geweihe) gegenseitig umbringen könnten, dann gäbe es wohl schon lange keine wehrhaften Tiere mehr auf unserer Erde.

Doch vergleichbaren Hemmungen begegnen wir auch bei Männchen keineswegs besonders wehrhafter Tierarten, ihren Weibchen gegenüber. Ein Hamsterweibchen beispielsweise vertreibt sein wesentlich stärkeres und größeres Männchen vor dem Werfen seiner Jungen aus dem Bau, und dieses stärkere Männchen läßt sich das ohne jeden Widerstand gefallen! Eine solche „Weibchenbeißhemmung“ findet man bei vielen Säugetierarten. Ihre biologischarterhaltende Funktion: das männliche Tier zeigt mitunter Appetit auf seine Nachkommen und stört außerdem nur deren Betreuung durch das Weibchen. Jack London schildert in „Wolfsblut“, wie der Rüde nach der Geburt der Jungen das für seine Familie erbeutete Fleisch nur noch vor der Höhle ablegen darf, jedoch von der Fähe nicht mehr in den Unterschlupf hineingelassen wird. Er ist der stärkere, wehrhaftere – aber er respektiert instinktiv diese arterhaltende „Vertreibung“ ohne Gegenwehr.

Ob es auch beim Menschen eine dieser „Weibchen-Beißhemmung“ vergleichbare Aggressionshemmung gibt? Nicht, weil Kinderkannibalismus zu befürchten wäre. Aber ein echter Zweikampf wäre wohl damals, zur Eiszeit, noch meist zu Ungunsten der Frau ausgegangen, und das wiederum hätte natürlich die Arterhaltung gefährdet. Es ist ja auch heute noch so, daß ein „richtiger“ Junge nicht zurückschlägt, wenn ihn ein Mädchen attackiert – zumindest aber nicht „mit gleicher Münze“ bezahlt.

Der erwachsene, immer wieder verspottete und gehänselte „Pantoffelheld“, der alle weiblichen Aggressionen erduldet, ohne sich anders als höchstens mit Worten zur

Wehr zu setzen – er ist das Opfer jener instinktiven Hemmung, die seinem Geschlecht nun einmal seit Urzeiten „angeboren“ ist, und die Frauen zu seinem Schaden anscheinend nicht kennen! Zumindest bei wehrhaften Säugetieren verhält es sich mit Sicherheit so. Sollten, was glücklicherweise selten vorkommt, einmal zwei Wölfinnen ernsthaft aneinandergeraten, so gilt für sie nicht der ererbte „Kampfkomment“, die Kampfregel der Rüden. Sie kämpfen in diesem Fall einen ansonsten unter Artgenossen vermiedenen, echten „Beschädigungskampf“, bis Blut fließt, ja sogar bis die unterlegene Rivalin tot ist.

Was tätliche Auseinandersetzungen unter Frauen, ja bereits unter Schülerinnen auf dem Schulhof für die Zuschauer so abstoßend-interessant macht, ist eben dieses offensichtliche Fehlen aller Hemmungen. Da wird gekniffen, gezerrt, getreten, an den Haaren gerissen und sogar gebissen – nur kein Pardon gegeben! Wie Soldaten, die an der Ostfront kämpften, noch heute erzählen, waren aus genau diesem Grund die sowjetischen „Flintenweiber“, die Soldatinnen der Roten Armee, besonders gefürchtet. Sie gewährten keinerlei Pardon und fochten verbissen und erbarmungslos bis zur Vernichtung des Gegners.

Anscheinend wird also die geringere weibliche Aggressivität in manchen Situationen durch das Fehlen regulierender Hemmungen wieder ausgeglichen. Auf dieser uralten Menschheitserfahrung beruht wohl auch das griechische Sprichwort: „Ein böses Weib ist schlimmer als ein böser Mann.“ Doch schon der weise König Salomon, dem es ja durchaus nicht an einschlägiger Erfahrung mangelte, meinte: „Besser in einer Ecke des Daches wohnen, als eine zänkische Frau im gemeinsamen Haus“ (Spr

21, 9). Jesus Sirach formulierte es noch etwas drastischer: „Lieber mit einem Löwen oder Drachen zusammenhausen, als bei einer bösen Frau wohnen“ (Sir 25, 16).

Doch im Gegensatz zum Tier vermag der Mensch seine Instinkte zu beherrschen, und so gilt, was diese alten Weisen sagen, nur für unbeherrschte Frauen – wie es auch Männer gibt, die gegen ihren „Courtoisie-Instinkt“ handeln! Sowohl Salomon als auch Jesus Sirach schränken dann auch beide selbst ihr so negatives Urteil wieder ein: „Eine tüchtige Frau, wer findet sie? Sie übertrifft alle Perlen an Wert“ (Spr 31, 10), und: „Eine gute Frau – wohl ihrem Mann! Die Zahl seiner Jahre verdoppelt sich!“ (Sir 26, 1).

## 18. Homosexualität – nicht „wider die Natur“?

Das Wort Homosexualität kommt von dem griechischen homo = gleich und dem lateinischen sexus = Geschlecht und bedeutet Gleichgeschlechtlichkeit. Homosexuelle sind Menschen, die sich nicht, wie die normalen Heterosexuellen (von dem griechischen heteros = anders, verschieden: Verschiedengeschlechtliche) von Menschen des anderen Geschlechts angezogen fühlen, sondern von denen des eigenen. Weibliche Homosexuelle nennt man auch Lesben, nach der griechischen Dichterin Sappho von der Insel Lesbos (um 600 v. Chr.). Das sexuelle Interesse homosexuell veranlagter Menschen ist also gewissermaßen statt auf das andere, auf das eigene Geschlecht „herumgedreht“ oder pervers. Über die Ursachen dieser Perversion wird nach wie vor heftig diskutiert.

Ist Homosexualität genetisch bedingt, also eine erbliche Anlage? Einiges scheint dafür zu sprechen. So etwa die

Feststellung, daß manche Homosexuelle gewisse feminine, also typisch weibliche Konstitutionsmerkmale aufweisen, wie z. B. eine schlanke Taille und eine hohe Stimmlage. Das trifft jedoch keineswegs für alle zu – so wenig, wie jeder Mann mit einer hohen Stimme ein Homosexueller ist! Neuerdings glaubt man, in einigen Besonderheiten der Gehirnstruktur von Homosexuellen Merkmale entdeckt zu haben, die für das weibliche Gehirn charakteristisch sind.

Von anderen Forschern werden diese Untersuchungsergebnisse allerdings angefochten: sie reichen bei weitem nicht aus, um sie statistisch auszuwerten und daraus allgemein verbindliche Schlüsse ziehen zu können. Man wird also abwarten müssen, zu welchen Ergebnissen die zukünftige Forschung schließlich gelangen wird. Sicher ist indessen, und sogar im wissenschaftlichen Experiment an Tieren nachgewiesen, daß homosexuelles Verhalten als Ergebnis eines Prägungsvorganges provoziert werden kann.

Unter Prägung versteht man in der Verhaltensbiologie einen Lernvorgang, der, gebunden an eine ganz bestimmte, kurzfristige Phase der individuellen Entwicklung, in der Regel nicht wieder rückgängig gemacht werden kann – so wenig wie das einmal geprägte Bild auf einer Münze nachträglich abzuändern ist. So wird beispielsweise ein Gänseküken, nachdem es aus seinem Ei geschlüpft ist, den ersten bewegten Gegenstand, der seinen „Hilferufen" antwortet, ein für allemal als seine „Mutter" akzeptieren. Normalerweise ist es ja auch seine wirkliche Mutter, die es zuerst erblickt und die sogleich „Stimmkontakt" mit ihm aufnimmt.

Für das berühmt gewordene „Gänsekind Martina“ des Verhaltensforschers Konrad Lorenz, dessen Schlüpfen aus dem im Wärmeschrank ausgebrüteten Ei – also ohne Muttergans – er beobachtete und zu dessen Beruhigung er auf sein „anfragendes“ Piepen ebenso anwortete, wurde von diesem Augenblick an der bärtige Zoologe seine „Mutter“. Daran ließ sich auch nichts durch das Zurückversetzen des Gänsekindes in das Nest der wirklichen Mutter ändern. Jämmerlich piepsend lief es Lorenz nach, der sich dann für längere Zeit – Tag und Nacht – nicht von ihm trennen konnte, ohne eine Panik auszulösen!

Läßt man junge Erpel, also männliche Stockenten, in einer nur aus erwachsenen Erpeln ihrer Art zusammengesetzten Gemeinschaft aufwachsen, bis sie selbst geschlechtsreif sind, so werden sie, die niemals ein Weibchen ihrer Art zu Gesicht bekamen, selbst wenn man sie in eine gemischte Gesellschaft von Erpeln und Enten zurückversetzt, ausschließlich andere Erpel anbalzen. Sie wurden offensichtlich in einer dafür empfänglichen Phase ihrer Entwicklung ganz auf Erpel „geprägt“.

Es gibt nachweislich auch bei Menschen eine gleichermaßen sexuelle Fehlprägung auf das eigene Geschlecht. Die Entwicklungsphase, in der sie erfolgen kann, liegt wohl bereits vor dem Eintritt in die Pubertät. Ein Jugendlicher kann also sehr wohl durch Verführung seitens älterer Homosexueller während dieser Zeit homosexuell geprägt werden. Für die Stellungnahme des Biologen zur Homosexualität sind die ungeklärten Ursachen allerdings zweitrangig. Er fühlt sich durch die ständig wiederholte Behauptung Homosexueller herausgefordert, ihr Verhalten sei keineswegs pervers, sondern ebenso normal wie das von Heterosexuellen auch. Es stelle lediglich sozusagen das andere Ende eines breit gestreuten sexuellen Verhaltens-Spektrums dar. Diese Behauptung würde nur unter einer einzigen Voraussetzung stimmen: wenn die menschliche Sexualität ausschließlich dem persönlichen Lustgewinn diente. In diesem Falle wäre es in der Tat gleichgültig, auf welche Art und Weise man sich jenen maximalen Lustgewinn verschafft – eine wäre so „gerechtfertigt" und so sinnvoll wie die andere!

Nun, daß eine derartige Wunschvoraussetzung keineswegs zutrifft, bedarf nach allem, was bereits über die menschliche Sexualität gesagt wurde, keines Beweises mehr. Bau wie Funktion der Geschlechtsorgane und Geschlechtszellen, die sinnreiche gegenseitige Zuordnung verschiedengeschlechtlicher Menschen, die sich in vielerlei Hinsicht gegenseitig ergänzen, lassen über die wahre biologisch-soziologische Aufgabe der Heterosexualität nicht den geringsten Zweifel. Sexuelle Lust ist keineswegs Selbstzweck und schon gar nicht der einzige Sinn, die einzige Funktion der Sexualität! Sie dient vielmehr einem höheren Zweck. Es wird mit dieser Feststellung keineswegs in Frage gestellt, daß in der menschlichen Sexualität neben der Funktion der Arterhaltung auch die der Paarbindung eine ganz entscheidende Rolle spielt.

Doch es ist nun einmal nicht der geringste Zweifel daran möglich, daß es die ureigene Funktion und Bestimmung einer Samenzelle – um die Argumentation auf dieses eine Beispiel stellvertretend für viele zu beschränken – ist, das genetische „Programm" einer Eizelle, von der sie angelockt wird, durch die eigene Erbinformation zu vervollständigen. Erst die dadurch ergänzte Kernsubstanz ermöglicht die Weiterentwicklung dieser befruchteten Eizelle zu einem neuen Menschen. Angesichts dieses klaren Sachverhaltes allen Ernstes auf der Behauptung zu bestehen, es sei für eine Samenzelle „genauso normal" und nicht minder ihre natürliche Bestimmung, im Dickdarmkot zu verenden, wäre in der Tat pervers!

Nein: homosexuelles Verhalten ist das genaue Gegenteil von „normal" oder gesund. Nichts „paßt" hier zusammen, ergänzt sich gegenseitig in Bau und biologischer Funktion zu jener Harmonie, die, verborgen oder offen erkennbar, für die gesamte lebendige Schöpfung kennzeichnend ist! Stets sind es ja die Gegensätze, die in ihrem ergänzenden Zusammenwirken Aktivität, Funktion, Leistung erst möglich machen und dadurch das Leben erhalten. Gleiches mit Gleichem vereint jedoch bedeutet: fruchtlose Passivität. Aus einer Steckdose mit zwei negativen oder zwei positiven Polen fließt niemals Strom. Die Polarität ist es, die alles auf unserer Welt in Bewegung setzt und erhält. Schon der große Arzt und Forscher Sigmund Freud hat Homosexualität als Krankheit erkannt und offen bezeichnet.

Ja, wenn Krankheit definiert wird als ein Zustand, eine „Befindlichkeit", durch die die Existenz des betreffenden Individuums gefährdet ist und, wenn es sich um ein erbliches (z.B. Diabetes) oder ansteckendes Leiden (Cholera, Pest, Aids) handelt, sogar die Existenz der Gemeinschaft, der „Population" oder gar der Art – dann ist die Homosexualität geradezu das Schulbeispiel einer Krankheit! Wird doch dadurch die Existenz des Individuums nicht nur von der tödlichen Seuche Aids oder auch Hepatitis B, sowie den „klassischen" Geschlechtskrankheiten bedroht, die, durch perverse homosexuelle Praktiken und den extrem häufigen Partnerwechsel begünstigt, sich oft explosionsartig ausbreiten. Auch die seelischen Belastungen – gerade durch diesen ständigen Partnerwechsel mit allen Enttäuschungen und allem Streß – beeinträchtigen die Gesundheit. Daß darüberhinaus die Unfruchtbarkeit der Homosexuellen die Erhaltung der Population gefährdet, bedarf keiner weiteren Erklärung.

## Ist Hilfe möglich?

Versuche, Homosexuelle durch Gaben von männlichem Geschlechtshormon (Testosteron) zu „vermännlichen", hatten lediglich zur Folge, daß sich ihr Trieb verstärkte. Seine Orientierung jedoch änderte sich nicht. Nach wie vor blieb das sexuelle Interesse auf das eigene Geschlecht gerichtet. Es handelt sich demnach bei der Homosexualität mehr um eine psychisch, eine seelisch bedingte Krankheit, als um eine physiologisch, durch hormonale Störungen bedingte. Heilerfolge sind daher wahrscheinlich auch nur durch psychische Beeinflussung zu erwarten.

Sollten sich die überraschenden Forschungsergebnisse des holländischen Psychologen Dr. van den Aardweg bestätigen, der Homosexualität als „Krankheit aus Selbstmitleid" diagnostiziert, dann hat ein unerwartet hoher Prozentanteil (ca. 80%) der Betroffenen gute Heilungsaussichten! Freilich: gesund werden kann nur, wer dies auch selbst will. Homosexuelle, die sich in aufdringlicher Weise öffentlich zu ihrer Perversität bekennen, gar (in Straßenumzügen!) dafür werben, als „normal" anerkannt zu werden, tun sich selbst damit keinen Gefallen – Im

Gegenteil: sie verstärken dadurch nur noch die „instinktive“ Abwehrreaktion gesunder Mitmenschen.

Es war ausgerechnet Simone de Beauvoir, die „Prophetin“ des Feminismus, die in ihren Memoiren offen bekannte, daß ihr beim Anblick eines homosexuellen Mitstudenten „schauderte“. Alle, so schrieb sie, die, wie man damals verschleiernd sagte, „leider anders waren“, flößten ihr „ein Grauen ein“. Es handelt sich dabei letztlich um eine völlig normale, natürliche Reaktion. Die Verhaltensforscher kennen sie im Tierreich als sog. „Ausschlußreaktion“. Tiergemeinschaften vertreiben auffallend „aus der Art Schlagende“ und verhindern dadurch ihre Fortpflanzung. Ein Starenschwarm z.B. jagt einen Albino, einen durch genetischen Defekt weißen Star, aus seiner Gemeinschaft. Die biologische Bedeutung dieser Ausschlußreaktion ist klar: sie verhindert mit der Fortpflanzung eine weitere Verbreitung des Defektes, wodurch ja die Erhaltung der Art gefährdet wurde. Ein bekanntes Beispiel für die Ausschlußreaktion liefert H. Chr. Andersens Märchen „Vom häßlichen jungen Entlein“.

Auch unter uns Menschen ist diese Ausschlußreaktion bekannt. Grundschulpädagogen wissen, wie schwer es oft fällt, Kinder, die irgendwie „anders“ sind als die anderen, die z.B. stottern, eine auffallende Haarfarbe besitzen, verwachsen sind, etc. in die Klassengemeinschaft zu integrieren. Schon eine besondere, fremdartige Kleidung vermag die „Ausschlußreaktion“ auszulösen. Allerdings kann der Mensch, was dem unvernünftigen Tier nicht möglich ist, durch Einsicht und Erziehung seine Instinkte beherrschen, ja überwinden. Das zeigt sich heute erfreulicherweise besonders eindrucksvoll in der oft rührenden Fürsorge, die gesunde Mitschüler/innen einem behinderten Kind ihrer Klasse angedeihen lassen, das beispielsweise als Rollstuhlfahrer auf Hilfe angewiesen ist: die Ausschlußreaktion ist in ihr Gegenteil verkehrt!

Homosexuellen gegenüber, die ihre Abartigkeit auch noch auftrumpfend zur Schau stellen, fällt eine solche Unterdrückung der instinktiven Ausschlußreaktion bis hin zu Verständnis und Hilfsbereitschaft begreiflicherweise besonders schwer. Je aufdringlicher sie ihre perversen Neigungen zur Schau stellen und sich dazu bekennen, umso schwerer fällt es dem Gesunden, nur den Fehler zu verabscheuen, den Fehlenden jedoch zu lieben! Sie wären daher in ihrem ureigensten Interesse gut beraten, sich nicht in der Öffentlichkeit hervorzutun, keine Sonderrechte und Sonderveranstaltungen zu fordern. Dann fiele es wesentlich leichter, die gefährlichen „Auslöser" zu ignorieren und ihnen als kranke Mitmenschen zu helfen.

Übrigens: nicht jedes Mädchen, das sehr an seiner „Busenfreundin" hängt, ist deshalb auch „lesbisch" und nicht jeder Junge, der seinen besten Freund aufrichtig schätzt und gern hat, bereits homosexuell! Jeder Mensch trägt nun einmal die zweigeschlechtliche Anlage, das beweisen nicht nur die Brustwarzen der Männer! Entscheidend ist, welche überwiegt!

Die Beachtung, die heute den Homosexuellen beiderlei Geschlechts, aus welchen Gründen und Mißverständnissen auch inmer, durch die Medien geschenkt wird, insbesondere aber die immer wieder bekräftigte falsche Behauptung, Homosexualität sei ebenso „normal" wie Heterosexualität, kann Jugendliche in jener empfindsamen Phase enger Freundschaften dazu verleiten, sich selbst für homosexuell zu halten. Für ihre weitere Entwicklung könnte dies aber sehr bedenkliche Folgen nach sich ziehen (Christa Meves).

Daß der militante Feminismus die Homosexuellen besonders fördert und verteidigt, erklärt sich aus seinem Kern-Dogma, das Geschlecht eines Menschen sei lediglich eine jederzeit nach Belieben auswechselbare Rolle (Gender statt Genus!). Lesben und Schwule sollen ja den „Beweis“ dafür liefern! Hierin sollte man wohl die größte Gefahr dieser seltsamen und perversen Ideologie sehen!

## 19. Gleiche Intelligenz – ungleiche Begabungen

„Das breithüftige Geschlecht hat keinen Verstand!“ Dieses vernichtende Urteil über die weibliche Intelligenz fällte der Philosoph und als Frauenfeind bekannte Arthur Schopenhauer († 1860). Es entsprach seinem pessimistischen Denken wie dem herrschenden Zeitgeist. Der deutsche Nervenarzt Paul Möbius versuchte sogar, diese angeblich geringere Intelligenz des weiblichen Geschlechts anatomisch zu begründen. Das Gehirn der Frau sei eben leichter und kleiner als das des Mannes! Was er jedoch leider nicht mehr erfuhr: als nach seinem Tode sein eigenes Gehirn untersucht wurde, stellte sich heraus, daß es auch nicht mehr wog wie ein weibliches Durchschnittsgehirn.

Tatsächlich liegt dieses Durchschnittsgewicht des weiblichen Gehirns mit 1255 Gramm unter dem des männlichen, das immerhin 1375 Gramm, also 120 Gramm mehr erreicht. Doch das hat, wie wir inzwischen längst wissen, mit geringerer oder größerer Intelligenz nichts zu tun! So wog das Gehirn des russischen Dichters Turgenjew 2012

Gramm, das Gehirn des Philosophen Immanuel Kant dagegen „nur“ 1600 Gramm, das des berühmten Chemikers Liebig lediglich 1352 Gramm und das Gehirn des Nobelpreisträgers Anatol França gar nur 1070 Gramm! Ja, daß das Gehirn eines Elefanten 4925 Gramm und das eines Blauwal, des größten Säugetieres, 4700 Gramm schwer sein kann, beweist: die Gehirngröße steht ganz offensichtlich im Zusammenhang mit der Körpergröße und dem Körpergewicht. Wiegt doch das kleine Gehirn einer Maus nicht einmal ein halbes Gramm (0,4 Gramm)!

Je größer ein Organismus, umso größer und zugleich schwerer muß jenes Organ sein, das sozusagen seine Kommandozentrale darstellt und alle Lebensvorgänge regelt. Daher verwundert es auch nicht, daß die riesigen, viele Tonnen schweren Dinosaurier der Jura- und Kreidezeit sogar noch eine Art „zweites Gehirn“, eine zusätzliche Schalt- und Kommandozentrale in der Lendenregion ihres Rückenmarks besaßen!

Da Frauen im Durchschnitt (Ausnahmen gibt es natürlich bei beiden Geschlechtern!) kleiner und leichter sind als Männer, benötigt ihr Organismus auch nur ein entsprechend kleineres und leichteres Gehirn. Es ist heute kein Zweifel mehr daran möglich, daß sich – wiederum im Durchschnitt – Frauen und Männer in der Intelligenzhöhe nicht voneinander unterscheiden. Verschieden sind jedoch die einzelnen Begabungen, deren Gesamtheit die Intelligenz ausmachen.

Die Ursachen hierfür sind in anatomischen Unterschieden, also in Verschiedenheiten im Bau und folglich auch den Funktionen des weiblichen und männlichen Gehirns zu suchen. So ist bereits rein äußerlich betrachtet das weibliche Gehirn deutlicher durch seine Furchen gegliedert als das männliche. Mit modernsten Untersuchungsmethoden, die es möglich machen, die Aktivitäten eines Gehirns zu messen, ohne es dabei zu verletzen oder auch nur störend zu beeinflussen (Positronen-Emissions-Tomograph) wurde festgestellt, daß bei Frauen die rechte Gehirnhälfte (die untergeordnete oder subdominante Hemisphäre) bei verschiedenen geistigen Tätigkeiten weit aktiver ist als bei Männern.

Nach dem für seine Forschungen am Gehirn mit dem Nobelpreis ausgezeichneten Sir John Eccles ist die linke Gehirnhemisphäre die vorherrschende (dominante). Er sieht in ihr, die (bei Rechtshändern!) allein zu bewußter Wahrnehmung und Entscheidung fähig ist, den Sitz des „seiner selbst bewußten Geistes". Man könnte vereinfachend sagen: diese linke, dominante Gehirnhälfte beherbergt den Verstand, die rechte, subdominante die Gefühle. Bei Männern ist z.B. beim Sprechen lediglich diese linke Gehirnhälfte aktiv, bei Frauen hingegen auch die rechte. Die größere Sprachbegabung bei Frauen erklärt sich möglicherweise aus der Tatsache, daß beim Reden hier auch mehr die Gefühle und nicht nur ausschließlich der Verstand eine Rolle spielen.

Die „Gefühlsbetonung" bestimmter Begriffe etc. ist ja gerade für das Gedächtnis von erheblicher Bedeutung und schon länger – z.B. auch durch Erfahrungen bei der Tierdressur – bekannt. Die Miteinbeziehung der rechten Hemisphäre beim Sprechen erklärt nun auch, weshalb die Folgen eines Schlaganfalls, der die linke Hemisphäre getroffen hat (hier liegen ja die Sprachzentren!) für Frauen meist weniger gravierend sind. Wird ihr „Linkshirn" verletzt, so regeneriert sich das Sprachvermögen besser als bei Männern, da sie ausschließlich in der linken Hemisphäre Sprachzentren besitzen.

Auch anatomisch, im Bau des Gehirns, läßt sich diese bessere Verbindung zwischen beiden Großhirnhälften im weiblichen Geschlecht nachweisen. Der sogenannte „Balken" (Corpus callosum), die verbindende Brücke zwischen ihnen, ist bei Frauen ganze 23 % dicker als bei Männern! In diesem Balken ziehen die Nervenstränge, die als „Kabel" dem Informationsaustausch dienen. Die Kommunikation, die Zusammenarbeit beider Gehirnhälften ist demnach bei Frauen lebhafter als bei Männern, deren Gehirnhälften klarer voneinander getrennt arbeiten.

Was die besondere weibliche Sprachbegabung anbetrifft, so spielt es gewiß auch eine entscheidende Rolle, daß im linken Schläfenlappen des Gehirns (Zentrum für Sprache und Musiksinn, z.B. Melodienerkennen usw. ) bei Männern zehn Prozent weniger Schaltzellen (Neuronen, Nervenzellen) vorhanden sind als bei Frauen. Daß Männer im allgemeinen aggressiver sind als Frauen, wurde u.a. bereits im Zusammenhang mit der „Jagd" auf der Autobahn erwähnt.

Doch auch die moderne Gehirnforschung bestätigte diesen Unterschied zwischen den Geschlechtern. Sind bei Männern, ganz im Gegensatz zu Frauen, selbst im Ruhezustand ihres Gehirns Teile des sog. „Limbischen Systems", von dem das Gefühlsleben gesteuert wird, aktiv, durch die Aggressionen gelenkt werden: der „Jäger" muß eben immer zum Angriff und zur anstrengenden Verfolgungsjagd bereit sein! Eine andere Schaltzentrale des Gehirns, von der die Libido gesteuert wird, der sog. „Präoptische Kern“ des Hypothalamus (ein Teil des Zwischenhirns) ist bei Männern doppelt so groß wie bei Frauen. Dafür wiederum ist der „Taktgeber“ der „inneren Uhr“, ein anderer Kern dieses Hirnabschnittes (Suprachiasmatischer Kern) bei Frauen größer als bei Männern.

## Unterschiedliche Folgen von Hirnverletzungen

Selbstverständlich können hier nicht alle Unterschiede zwischen weiblichem und männlichem Gehirn berücksichtigt werden. Es geht ja schließlich in erster Linie nur darum, nachzuweisen, wir töricht die ideologische Behauptung ist, die „Rollen“ beider Geschlechter seien beliebig austauschbar, weil alle Unterschiede lediglich anerzogen wären. Wie einschneidend jedoch diese „angeborenen“ Unterschiede sind, das mögen die Folgen von Hirnschädigungen, etwa durch Schlaganfälle, Tumore oder auch Unfälle, zeigen. So treten bei Frauen Sprachstörungen bei der Wortwahl (Aphasien) am häufigsten auf, wenn vordere Partien ihres Gehirns geschädigt wurden. Bei Männern dagegen sind sie häufiger bei Verletzungen (Läsionen) der hinteren Bereiche. Ebenso verhält es sich mit den Apraxien, also Schwierigkeiten, angemessene Handbewegungen zu wählen.

Diese auffallenden Unterschiede im Aufbau und den dadurch bedingten Leistungen zwischen weiblichem und männlichem Gehirn werden offensichtlich durch den Einfluß der verschiedenen Geschlechtshormone bereits vor der Geburt eines Menschen verursacht, also nicht direkt durch die Geschlechtschromosomen. Auch durch die anderen Chromosomen (Autosomen) können sie nicht hervorgerufen werden, denn in diesen stimmen ja beide Geschlechter überein. Jedenfalls dürfte heute feststehen, daß das kleine Mädchen von Geburt an die Welt anders erlebt als der kleine Junge – lange bevor irgendwelche unterschiedlichen Erziehungseinflüsse irgend eine Rolle spielen. Bestätigt wird dieser hormonale Einfluß durch die Beobachtung, daß infolge bestimmter Hormonbehandlungen der Schwangeren das spätere Verhalten eines weiblichen Kindes zumindest vorübergehend männliche Merkmale zeigt.

## Unterschiedliche Begabungen

Neben der bereits mehrfach erwähnten besonderen Sprachbegabung beim weiblichen Geschlecht, die schon beim Vergleich des Wortschatzes zwischen kleinen Mädchen und Jungen auffällt, erwiesen sich Frauen auch beim Lösen von einfachen Rechenaufgaben Männern gegenüber im allgemeinen überlegen. Geht es allerdings um Aufgaben, die mathematische Logik erfordern, so sind Männer eindeutig überlegen. Das Finden von „Strategien“ war für den Eiszeitjäger überlebenswichtig, nicht aber für die Sammlerin im engeren Umkreis ihres bergenden Abri! Bis heute gab es noch nie eine Schach-Weltmeisterin. Auch in der Zielsicherheit beim Werfen sind Männer eindeutig überlegen, denn schon während der Eiszeit hing ihr Überleben und das ihrer Sippe von der Treffsicherheit ihres Armes beim Schleudern des Speeres und der Zielsicherheit ihrer Augen beim Schießen mit Pfeilen ab. Wer erinnerte sich da nicht jener Szene in „Huckleberry Finns Fahrten und Abenteuer“, wo der als Mädchen verkleidete Huck allein dadurch von einer Frau als Junge entlarvt wurde, weil er so zielsicher ein Rattenloch mit dem Wurfgeschoß traf!

Bei Frauen sind dagegen die feinmotorischen Fertigkeiten besser ausgebildet. Das ist sicher für die Wahl von Arbeiterinnen für die Montage elektronischer Geräte in japanischen Betrieben mit ausschlaggebend! Frauen leben zudem gefühlsbetonter als Männer und erkennen beispielsweise mit ganz besonderer Feinfühligkeit Traurigkeit, Depressionen und Stimmungstiefs bei anderen Menschen. Daher eignen sie sich in besonderer Weise für alle pflegerischen Berufe und sind wegen der besseren feinmotorischen Koordination ihrer zudem feingliedrigeren Hände sowie einer höheren Wahrnehmungsgeschwindigkeit (schnelleres Erkennen zusammenpassender Objekte) als Ärztinnen für Spezialaufgaben der Chirurgie bevorzugt begabt. Andererseits wären sicherlich nicht alle Frauen gleich gut geeignet, eine Lokomotive oder einen Bus zu steuern. Ihre Fähigkeiten zum räumlichen Wahrnehmen sind nämlich deutlich abhängig vom jeweiligen Geschlechtshormon-Spiegel in ihrem Blut. Sie lassen kurz vor dem Eisprung ihres Zyklus, wenn der Östrogen-Spiegel am höchsten ist, deutlich nach.

Allein schon aus ihrer besonderen sprachlichen Begabung ergibt sich für Frauen eine hervorragende Eignung für bestimmte Berufe (z.B. Dolmetscherin, Auslandskorrespondentin, Lektorin u.a.m.) und im Verein mit dem guten Einfühlungsvermögen auch für alle pädagogischen. Diese kurze Auflistung und – im Vergleich dazu – die der bevorzugten Berufe für das männliche Geschlecht, ließen sich natürlich leicht vervollständigen. Hier mag dies wenige genügen (wobei das Hauptaugenmerk auf dem weiblichen Geschlecht liegt, weil es gerade dort gilt, überholte Vorurteile abzubauen), um die unterschiedlichen Begabungen beider Geschlechter trotz gleicher Intelligenzhöhe exemplarisch aufzuzeigen. Der Mensch kommt mit diesen „Begabungen“ zur Welt und wird nicht erst durch seine Erziehung begabt!

## 20. Um Vorurteilen zu begegnen

Zusammenfassend kann festgestellt werden: Frauen und Männer lösen bestimmte Aufgaben zwar ähnlich, jedoch auf verschiedenen Wegen und in unterschiedlichen Regionen ihres Zentralnervensystems Gehirn. Versuche mit Testgruppen ergaben, daß die erreichten Mittelwerte – wie z.B. beim Lösen mathematischer Aufgaben – nach Geschlecht verschieden sind. Doch überschneiden sich die Leistungskurven, so daß es durchaus hochbegabte Mathematikerinnen gibt und Männer, die verständnislos vor der einfachsten Formel kapitulieren! Über die ganz individuellen Fähigkeiten des Einzelnen besagen nämlich derartige Statistiken nichts! Goethes Wortschatz und seine souveräne Sprachbeherrschung übertraf weit die entsprechenden Leistungen all seiner weiblichen Zeitgenossen – und doch war er alles andere als ein „femininer Typ“!

So macht also der weite Spielraum innerhalb der statistischen Werte verständlich, weshalb es z.B. völlig gesund und keineswegs anormal ist, wenn sich ein Mädchen gern mit Spielzeugautos und einer kleinen Tankstelle mit Garage beschäftigt – und ein kleiner Junge von der Puppenküche seiner größeren Schwester fasziniert ist. Keineswegs verhält es sich so, daß das Geschlecht „verpflichtend“ wäre für besondere weibliche oder männliche Interessen eines jeden Einzelnen. Von den 46 Chromosomen jedes menschlichen Zellkerns sind ja schließlich, wie schon betont, 45 in beiden Geschlechtern die gleichen.

Dennoch: die Grundrichtung sozusagen ist nun einmal verschieden, begründet in der durchaus nicht als „Rolle“ beliebig austauschbaren „Natur“ der Frau und des Mannes. Wer jedoch die „Eckwerte“ der Geschlechterunterschiede verabsolutiert und daraus fordert, daß die von der möglichen Mutterschaft leib-seelisch geprägte Frau sich auf „Küche-Kinder-Kindbett“ beschränken müsse (in früheren Zeiten stand das dritte K für Kirche), ein Vorwurf, den Feministinnen immer und immer wieder klagend erheben, der vergißt, daß dann aus gleichem Grunde Männer, die alten Jagdgefährten der Eiszeit, nur noch Jäger, Soldaten, Polizisten oder Berufssportler sein dürften! Die Überschneidung der Leistungskurven beider Geschlechter zeigt zur Genüge, wieviel persönlicher Spielraum der einzelnen Frau wie dem einzelnen Mann, von Fall zu Fall verschieden, auch in der vermeintlichen Domäne des anderen Geschlechts eingeräumt bleibt.

Wesentlich ist also, was das Individuum, das bestimmte Einzelwesen zu leisten vermag. Nach dem Willen seines Schöpfers ist ja jedes Geschlecht Hälfte, Ergänzung, Hilfe des anderen. Er schuf sie beide als „den“ Menschen nach seinem Abbild, nach Gottes Bild als Mann und Frau“ (vgl. Gen 1, 27).

# Empfehlenswerte Bücher:

**Worte von Gott** *Matthew Kelly*

Matthew Kelly wurde 1973 in Australien geboren und besuchte die Universität, um Handelswirtschaft zu studieren, als plötzlich Gott Vater höchst bedeutungsvoll in sein Leben eintrat. Die Botschaften an ihn änderten sein Leben grundlegend. Sie geben besondere Impulse für die tägliche Lebensführung und haben eine nachhaltige Überzeugungskraft, besonders auf junge Menschen. So spricht er in sehr schlichter aber überzeugender Weise über Gebet, Opfer, hl. Messe, Beichte und den Rosenkranz. 144 Seiten, DM 14.80

**Meine Begegnung mit Christus**

*Fibi Abdel Missih Saleb*

Die Geschichte einer ägyptischen Frau, die einst ein traditionelles islamisches Leben führte. Sie war stark mit dem Islam verbunden und stand dem Christentum feindlich gegenüber. Ihr Leben änderte sich, als Gott ihren Wunsch sah, ihn kennenzulernen, und er offenbarte sich ihr in einer Vision. In diesem Buch beschreibt sie ihre Erlebnisse, ihre Bekehrung zum Christentum und die Flucht aus Ägypten, aus dem Land, das einst das Christuskind auf seiner Flucht vor Herodes aufnahm. 144 Seiten, DM 15.80

**Auf den Spuren des „ungläubigen Thomas“**

*Alfons Sarrach*

Ein Bericht über einen der wichtigsten Augenzeugen der Auferstehung Jesu, der mit einigen anderen bedeutenden Veröffentlichungen der letzten Zeit dem erstarrten Lehrgebäude der etablierten theologischen Wissenschaft Probleme bereiten dürfte. Thomas, der Kronzeuge für die Gottheit Jesu, ist kein Mythos, keine Legende, sondern gehört zu den größten Gestalten in der Geschichte der Menschheit. 192 Seiten, DM 19.80

## Erleuchteter Laie – Niklaus Wolf von Rippertschwand

*Ida Lüthold-Minder*

Noch heute fasziniert Niklaus Wolf von Rippertschwand viele Menschen. Der fromme Laie und Familienvater, der von 1756-1832 in der Schweiz lebte, zog schon damals die Menschen durch seine Einfachheit und tiefe Frömmigkeit an. Er lebte so sehr aus dem Glauben, daß er ohne jede Schau und Pose für viele tausend Menschen zum Helfer wurde. Seine große Fürbittgnade bewirkt auch heute noch viele Heilungen.

224 Seiten, DM 24.80

## Bruder Klaus – Der Beter im Ranft

*Ida Lüthold-Minder*

Durch Ida Lüthold-Minders lebendige Art zu schreiben ist dieses Buch keine trockene Heiligenbiografie, sondern ein in erzählerischer Form gehaltener, detaillierter Bericht über das Leben des hl. Bruder Klaus, über seine Kindheit, sein Familienleben, seine Schauungen, sein Leben im Ranft, bis hin zu seinem Tod. Wer mehr über das Leben des großen Heiligen erfahren möchte, sollte dieses Buch lesen.

144 Seiten, DM 14.80

## Bruder Klaus – Wunder und Verehrung

*Ida Lüthold-Minder*

Beginnend mit einer Zusammenfassung über das Leben des Heiligen berichtet dieses Buch über das Wirken nach seinem Tode: die Erscheinungen des Heiligen, die Phänomene um das Grab, einzelne bezeugte, großartige Wunder. Sein außergewöhnliches Leben und seine mächtige Fürsprache macht diesen Heiligen aus der Schweiz lebendig und anziehend.

128 Seiten, DM 10.80

**Bestelladresse: Miriam-Verlag • D-79798 Jestetten**
Tel.: 0 77 45 / 72 67  Fax: 0 77 45 / 4 09